ExLibris

MIX
Papier aus verantwortungsvollen Quellen
FSC® C020056

ISBN 978-3-649-63807-0

Hafenweg 30, 48155 Münster, Germany

Grafische Gestaltung: Daniela Lengers

www.coppenrath.de

Hans Kruppa

Ein Lächeln für jeden Tag

Gedichte, Märchen & Gedanken

Mit Illustrationen
von Kristina Labs

COPPENRATH

Das Glück ist überall

Ganz im Augenblick

Sei ganz und gar im Augenblick,
denn nur dort liegt das Glück.
Laß die Vergangenheit vergangen sein –
und geh tief in die Gegenwart hinein.

Glückszeit

Jedes Leben hält Glück bereit,
man muß sich nur immer dafür offen halten.
Denn es kommt gern zu unverhoffter Zeit,
um sich in Herz und Seele zu entfalten.

Eine heitere Sache

Das Leben im Eigentlichen
ist eine heitere Sache,
nicht allzu ernst oder streng.
Es ist ein Spiel,
bei dem es keinen Gewinner
und keinen Verlierer gibt.
Es macht Freude.

Im Hier und Jetzt

Das Leben hat ein großes Angebot an Frust.
Folge dem Kompaß deiner Daseinslust,
dann kannst du es sehr gut umgehen
und weitaus bessere Offerten sehen.
Die Lust, die aus dem Augenblick entsteht,
man nennt sie auch Spontaneität,
hat einen intuitiven Durchblick
und führt dich instinktiv zum Glück.

Dem Glück, das jeder finden kann
im Hier und Jetzt, niemals im Irgendwann.
Es kann ein Zeichen sein am Wegesrand,
eine Flaschenpost am Alltagsstrand –
mit einem Brief darin, der dich beschenkt
und deine Schritte sicher lenkt
zu einem zauberhaften Garten,
in dem die schönsten Blumen auf dich warten.

Hellwaches Glück

In der Tiefe der Nacht
bin ich aufgewacht,
hab an dich gedacht
und lautlos gelacht.

Vor lauter Freude über dich.
Normalerweise lache ich
laut, also gut vernehmlich,
aber diesmal leise und ganz innerlich.

Doch dabei so lebendig und intensiv,
daß ich lange nicht mehr einschlief:
Weil ich mit Liebe an dich dachte,
was hellwaches Glück in mein Herz brachte.

Auszeit

Heute sperre ich die Welt mal aus,
und wenn sie noch so tobt und schreit.
Heute halt ich mich aus ihrem lauten Lauf heraus
und nehme mir eine leise, weise Auszeit.

Alles Gute

Alles Gute,
das du erkannt hast,
wird erst dann lebendig und bedeutend,
wenn es in dein Herz
und in deine Seele gesunken ist –
und von dort aus wirkt.

Der Weg zur Glückseligkeit

Ein Suchender fragte einen alten Mann, dem alle nachsagten, daß er bleibendes Glück gefunden habe: „Was ist Glückseligkeit?“

„Das höchste Ziel eines sinnvollen Lebens“, war die Antwort.

„Und wo kann ich sie finden?“

„Glückseligkeit ist der innerste Kern deines Wesens. Du findest sie in der Mitte deiner Seele, wo Stille, Reinheit und Schönheit herrschen und wo alle Gedanken, alle Vorstellungen und alle Bilder, die du dir vom Leben und von dir selbst machst, nicht existieren. Wo du dich vereinst mit reinem Leben. Dort liegt Glückseligkeit. Aber die wenigsten Menschen finden auf direktem Weg zu ihr.“

„Wie hast du sie gefunden?“ fragte der Suchende.

„Als junger Mann suchte ich das Vergnügen, bis ich merkte, daß ich dadurch zu seinem Sklaven wurde. Als ich älter wurde, suchte ich das Glück, bis mir bewußt wurde, wie kurzlebig es ist. Kaum hat man es erreicht, läßt seine Wirkung schon nach. In meinen mittleren Jahren suchte ich nach der Freude, die in mir lebt, und wurde unabhängig von nach außen gerichteten Wünschen und Sehnsüchten. Doch etwas fehlte immer noch. Etwas zog mich zu sich hin – über die Grenzen der Freude hinaus, ganz tief in mich hinein. Und das war die Glückseligkeit, mein tief verborgenes, seelisches Erbe. Seit ich sie gefunden habe, fehlt mir nichts mehr. Vielleicht wirst du einen ähnlichen Weg gehen müssen. Oft findet man erst, was man wirklich sucht, wenn man herausgefunden hat, was man nicht sucht.“

Lob des Glücksfinders

Wahres Glück findet man nur weit oben,
oberhalb von Genuß und Vergnügen.
Darum muß man den Glücksfinder loben:
Er hat einen inneren Berg bestiegen.

Der Flug des Schmetterlings

Der Weg zum Glück ähnelt nicht selten
dem ziellos erscheinenden Flug des Schmetterlings.
Doch jeder Flügelschlag bringt ihn
intuitiv einem höheren Sinn näher.
Manchmal berührt er ihn, verschmilzt mit ihm –
und wird von seiner Schönheit erfüllt.

Überall und jederzeit

Glücklich ist, wer sich selbst erkannt hat.
Er sucht das Glück nicht mehr, denn es findet statt –
an jedem Ort, in jedem Augenblick.
Sich selbst wirklich zu kennen, bedeutet Glück.

Weisheit zögert

Schnellwisserei offenbart Oberflächlichkeit.
Weisheit zögert, bevor sie spricht –
sie nimmt sich gern Bedenkzeit.
Und nur sie ermöglicht klare Sicht.

Zwischen den Zeilen

Wenn du
im Buch des Lebens
zwischen den Zeilen liest,
verstehst du und gehst
den schnellsten Weg zum Glück,
umarmst den Augenblick,
der es gut mit dir meint.

Und du wirst nicht verstehen,
warum du nicht eher
verstanden hast.

Das Gute von heute

Das Gute von heute sei das Schlechte von morgen,
schrieb ein kluger, lebenserfahrener Mann.
Ich mache mir trotzdem keine Sorgen um morgen,
weil ich sonst das Gute von heute nicht genießen kann.

Der Glückskuchen

Das Glück gleicht einem Kuchen.
Man findet ihn oft, ohne ihn zu suchen.
Man kann sich ein Stück davon abschneiden,
sollte dabei aber jede Gier vermeiden.

Auch sollte man beim Glückskuchenessen
nicht die Dankbarkeit darüber vergessen,
daß man diese Köstlichkeit genießt –
was alles andere als selbstverständlich ist.

Die Habsucht und die Weisheit

Die Habsucht klingelte bei der Weisheit, um herauszufinden, ob bei ihr etwas zu holen war. Sie hielt es zwar für unwahrscheinlich, wollte aber sichergehen.

Die Weisheit öffnete die Tür ihrer kleinen Wohnung, vor der die Habsucht mit ihren Brilliantringen und Goldketten stand. „Nanu, die Habsucht! Unverhofft kommt oft. Komm doch rein und setz dich mit mir an den Tisch“, sagte sie freundlich.

Die Habsucht folgte der Einladung und konnte ein Naserümpfen wegen der Enge der Wohnung und ihres schlichten Mobiliars gerade noch unterdrücken. „Nett wohnst du hier“, log sie und setzte sich.

„Laß uns ehrlich zueinander sein!“ schlug die Weisheit vor. „Du wirst mich kein zweites Mal besuchen. Wir haben nur diese eine Begegnung, und sie wird dir nur etwas bringen, wenn wir aufrichtig sind.“

„Was sollte sie mir denn bringen?“

„Erkenntnis“, sagte die Weisheit.

„Ich erkenne nur, daß du in äußerst schlichten Verhältnissen lebst.“

„Du mußt genauer hinsehen, dann erkennst du mehr.“

Die Habsucht schaute sich genauer in der kleinen Wohnung um, erkannte aber nicht mehr. „Warum lebst du so ärmlich?“ fragte sie. „Der Teppich wirkt abgenutzt, die Möbel haben schon bessere Zeiten gesehen, der Lack auf dem Fensterbrett blättert ab. Hier ist nichts, was glänzt oder glitzert, nichts, was sich zu begehren lohnt. Ein Einbrecher würde deine Bleibe mit leeren Händen wieder verlassen."

„Ich lebe so einfach, weil ich so oft wie möglich ins Innere schaue und nur so oft wie nötig auf das Äußere."

„Warum?"

„Weil das Innere lebendig, spürbar und deshalb wertvoll ist. Die Diamantenringe an deinen Fingern und die Goldketten an deinem Hals sind nur so wertvoll, wie die Menschen sie machen, die mit ihnen handeln. Sie haben keinen inneren Wert. Im Grunde sind sie nur geschliffene Steine und bearbeitetes Metall."

Die Habsucht war überrascht und auch etwas empört von den Worten der Weisheit. Wie konnte sie sich anmaßen, so zu ihr zu reden? Sie wollte schon aufstehen und auf Nimmerwiedersehen die Wohnung verlassen, doch ein Anflug von Neugier hielt sie zurück. Und so fragte sie die Weisheit: „Wie kann ich das innerlich Wertvolle gewinnen?"

„Du kannst es nicht gewinnen. Und du kannst es nicht tragen wie Schmuck oder einschließen in einem Safe wie Geld und Gold. Du kannst es nur erleben. Und du erlebst es nur, wenn du ihm seine Freiheit läßt."

„Aber dann kann es doch jederzeit wieder verschwinden!"

„Das tut es auch! Alles innerlich Wertvolle hat seine Zeit, in der es die Menschen mit Fülle, Zauber und Pracht beschenkt, die es erkennen und genießen. Es bereichert ihr Leben, und dann geht es wieder. Nur die Erinnerung daran bleibt. Man kann es nicht besitzen und festhalten, und doch – oder gerade deshalb – ist es das Wertvollste im Leben."

„Wenn ich es nicht besitzen kann, ist es wertlos für mich!" stellte die Habsucht fest, stand auf und verabschiedete sich.

Angst und Mumm

Menschen, deren Angst kleiner ist als ihr Mumm,
haben nicht selten Gutes zu geben.
Manche Angst, so klug sie auch tut, ist dumm,
denn sie verhindert das Schönste im Leben.

Lebe intensiv

Lebe intensiv, sei immer seelisch präsent,
halte den schönen Moment zärtlich fest –
damit die Zeit nicht an dir vorüberrennt,
sondern sich liebend gern auf dich einläßt.

Mit Zuversicht

Manchmal muß man darauf vertrauen,
daß am Ende alles gut wird.
Zuversichtlich muß man darauf bauen,
daß man ein schwieriges Spiel nicht verliert.

Die Verwandlung

Eine Legende, deren Herkunft umstritten ist, erzählt eine Begebenheit aus dem Leben des Erleuchteten Gautama Buddha.

Einer der zahlreichen Jünger, die Buddha schon zu seinen Lebzeiten folgten, war ein Mann mittleren Alters, dessen Name nicht überliefert ist. Es heißt, er habe als Schnitzmeister gearbeitet, bevor er sein Dorf verließ, um sich Buddha anzuschließen und seiner Lehre zu folgen.

Eines Tages schenkte jener Jünger dem Erleuchteten eine eigenhändig aus Ebenholz geschnitzte Statue, die Buddha im Lotussitz bei der Meditation darstellte. Ihre makellose Schönheit erregte die Bewunderung aller Anwesenden.

Es heißt, daß Buddha die schwarzbraune Statue in die Hände nahm, sie eine Weile lächelnd betrachtete und sie dann dem Mönch mit den leisen Worten zurückgab: „Du hast die Form geschaffen, ich habe den Inhalt hineingegeben. Ebenholz hat ein langes Leben."

Der Schnitzmeister, ein immer ruhiger, ernster Mann, brach zur Überraschung aller Anwesenden in fröhliches Gelächter aus. Er nahm die Statue in beide Hände, hielt sie wie eine Trophäe über seinem Kopf und tanzte mit ihr so ausgelassen im Gras, daß alle ihn verwundert betrachteten.

Nur Buddha lächelte.

Es heißt, von diesem Tag an habe der Mönch die Buddha-Statue gehütet wie seinen Augapfel. Er führte den Rest seines

Lebens im Geist Buddhas und wurde ein mitfühlender, weiser Mann, zu dem viele Menschen mit ihren tiefsten Fragen kamen. Und niemand ging von ihm, ohne sich im Innersten berührt und reich beschenkt zu fühlen.

Da er überraschend starb, nahm er sein Wissen um die Besonderheit der Statue mit in den Tod.

Sein Neffe erbte die Statue, ohne ihr Geheimnis zu kennen, und verkaufte sie, da er in Geldnöten war, sogleich an einen Kunsthändler.

Diese kniehohe Ebenholz-Statue des Erleuchteten befand sich nun nach einer langen Reise durch unzählige Hände und Länder in einem stadtbekannten Antiquitätengeschäft.

Kahelo, der vierzigjährige Besitzer, hatte sie vor wenigen Stunden einem ärmlich gekleideten, aber glücklich wirkenden jungen Mann abgekauft, der erheblich weniger für die Statue verlangte, als sie in Kahelos Augen wert war. Und als Kahelo die ohnehin schon bescheidene Forderung des Verkäufers noch auf die Hälfte herabsetzte, versuchte der junge Mann seltsamerweise nicht zu handeln, sondern nickte nur lächelnd, nahm wortlos das wenige Geld entgegen, das der Antiquitätenhändler ihm geboten hatte, verabschiedete sich freundlich und ging.

Kahelo sah ihm verwundert nach und schüttelte unwillkürlich den Kopf. Die Menschen, die in sein Geschäft kamen, um etwas zu verkaufen oder zu kaufen, waren sich nicht zu schade, um den Preis zu feilschen. Meistens endete es damit, daß der Kunde glaubte, ein gutes Geschäft gemacht zu haben – ein Glaube, den Kahelo ihm geschickt einflößte. Er war ein überaus tüchtiger Geschäftsmann, der gelernt hatte, wie man Kunden beeinflußt, mit denen man verhandelt.

Diese wunderschöne Buddha-Statue war zweifelsohne ein sehr gutes Geschäft. Er würde bei ihrem Verkauf das Zwanzigfache, wenn nicht Dreißigfache des Einkaufspreises erzielen. Innerlich mußte er über die Einfalt des jungen Mannes lachen. Die Dummheit der Menschen ist der beste Nährboden für mein Geschäft, dachte Kahelo, so war es, und so wird es immer sein.

Er zog seine Lupe aus der Schublade und unterwarf die Statue einer näheren Prüfung. Sein geschultes Auge erkannte, daß dieses Meisterwerk der Schnitzkunst Jahrhunderte überdauert und sich dabei in einem makellosen Zustand gehalten hatte. Es ist das Schicksal aller Statuen, daß sie im Lauf ihres Lebens von ungeschickten Händen fallen gelassen werden und sich dabei kleine Beschädigungen zuziehen. Diese Statue schien nie zu Boden gefallen zu sein, als hätten die Hände, durch die sie im Lauf ihrer Geschichte gewandert sein mußte, etwas gemeinsam gehabt: Achtsamkeit.

Das Beeindruckendste an dem hölzernen Buddha war sein Gesichtsausdruck, der vollkommene Glückseligkeit widerspiegelte. Je länger Kahelo das Statuengesicht betrachtete, desto mehr zog ihn dieses erfüllte Lächeln in Bann. Ohne daß es ihm bewußt war, begann er selbst zu lächeln – auf eine ganz andere Weise, als er es tat, wenn es darum ging, einen Kunden zu blenden. Es war ein Lächeln, das aus seinem Herzen kam, aber weil Kahelo schon seit langer Zeit die Verbindung zu seinem Herzen verloren hatte, spürte er es nicht.

In diesem Augenblick betrat eine wohlhabende Dame in seinem Alter, die schon lange seine Kundin war, Kahelos Geschäft – und seltsam, gleich ihr erster Blick fiel auf die Statue auf dem Schreibtisch des Händlers.

„Sei gegrüßt, Kahelo. Oh, ich sehe, du hast da eine interessante Buddha-Statue. Das wäre vielleicht das richtige Geschenk für meinen Mann. Er hat übermorgen Geburtstag, und ich habe noch nichts für ihn gefunden."

„Ich grüße dich, Leta. Ja, das ist in der Tat eine interessante Statue. Sie ist jahrhundertealt und dabei erstaunlicherweise völlig unbeschädigt geblieben."

Leta berührte die Statue und rückte sie so zurecht, daß sie ihr Gesicht sehen konnte, was Kahelo zu seiner Verwunderung nicht behagte. Und er beschloß, zu seiner noch größeren Verwunderung, sie nicht an seine Kundin zu verkaufen.

„Sie hat einen verzückten, entrückten Gesichtsausdruck. Wer auch immer sie geschnitzt hat, er war ein Meister seines Faches. Was soll sie kosten?"

„Es tut mir leid, aber sie ist nicht verkäuflich."

Leta warf Kahelo einen ebenso überraschten wie befremdeten Blick zu. „Das ist das erste Mal, daß ich solche Worte aus deinem Mund höre, Kahelo, und ich bin seit zehn Jahren deine Kundin. Soll das heißen, daß sie wirklich nicht verkäuflich ist, oder nur zu einem angemessenen Preis?"

„Ich verkaufe sie nicht. Sie steht hier nur, weil ich …"

Kahelo wußte nicht weiter. Auch das war ihm, dem großen Meister der kleinen Lügen und Ausreden, noch nie passiert – daß er einem Kunden eine Ausflucht schuldig geblieben war.

Leta sah ihn mit gerunzelter Stirn an. „Geht es dir nicht gut, Kahelo?"

Der Geschäftsmann nickte verlegen. „Ja, ich fühle mich in der Tat etwas seltsam. Ich denke, ich werde mein Geschäft besser für den Rest des Tages schließen."

„Gut. Ich komme morgen früh wieder. Bis dahin überlege dir bitte, ob du mir die Statue nicht vielleicht doch verkaufen möchtest", sagte Leta und machte ihm ein Angebot, das dem Dreißigfachen seines Einkaufspreises entsprach.

„Ich werde sie nicht verkaufen."

„Ich komme trotzdem. Manchmal ändern sich die Dinge über Nacht."

Als Leta gegangen war, schloß Kahelo die Ladentür ab, nahm die Buddha-Statue und ging mit ihr in das Stockwerk über dem Geschäft, wo er wohnte. Er setzte sich auf seinen Lieblingssessel und stellte das antike Kunstwerk vor sich auf den Tisch.

Wieder zog ihn der entrückte Gesichtsausdruck des Erleuchteten in seinen Bann. Während er ihn mit wachsender Faszination betrachtete, schien die Welt um ihn herum mehr und mehr zu verschwimmen, als legte sich ein dichter Nebel

über alle Dinge – nur das Gesicht des Buddha strahlte wie ein Kerzenlicht in einem dunklen Raum und wurde immer heller und schöner.

Kahelo konnte seinen Blick nicht von diesem Licht abwenden, und je länger er es betrachtete, desto mehr erschien es ihm, als wollte das leuchtende Gesicht der Statue ihm etwas zeigen.

Er fühlte, wie ein nie gekanntes Empfinden von ihm Besitz ergriff, und plötzlich war es ihm, als würde er sich und sein bisheriges Leben in einer Klarheit erkennen, die ihn verblüffte und zugleich erschreckte. Dieser überraschende freie Blick auf sich selbst, das spürte Kahelo ohne Zweifel, war ein Geschenk, das diese geheimnisvolle Buddha-Statue ihm machte – ein Geschenk, das er annehmen oder ablehnen konnte. Kahelo entschied sich, über die Hürde seiner Angst zu springen und es anzunehmen.

Unwillkürlich schloß er die Augen und sah sich als jungen Mann im Alter von dreiundzwanzig, er sah seinen besten Freund Motu – und er sah Ayala, die einzige Frau, die er in seinem Leben geliebt hatte. Er seufzte und spürte, wie Tränen über seine Wangen liefen, Tränen der Trauer über eine tiefe seelische Verletzung, die noch immer nicht geheilt war.

Das Schicksal hatte sich Kahelo gegenüber stiefmütterlich gezeigt, als es um die Verteilung körperlicher Vorzüge ging. Er hatte ein Gesicht, das zwei Merkmale aufwies, die es für viele Menschen unansehnlich machten: eine schief gewachsene Nase und eine Hasenscharte.

Schon in seiner Kindheit war kaum ein Tag vergangen, an dem er nicht von den Nachbarskindern wegen seiner körperlichen Mängel gehänselt und verspottet wurde, aber mit den Jahren hatte er sich eine dicke Haut zugelegt und parierte die Spötteleien und verletzenden Zurufe mit den Worten „Besser häßlich als dumm", was ihm manchen Faustschlag einbrachte, aber sein Selbstbewußtsein vor dem Erlöschen bewahrte.

Als junger Mann hatte sich Kahelo damit abgefunden, daß die meisten Frauen, die ihm auf seinen Wegen durch die Stadt entgegenkamen, schnell den Blick von ihm abwandten und so taten, als hätten sie ihn nicht wahrgenommen.

„Warum bestrafst du mich so für mein Äußeres", hätte er gern mancher von ihnen hinterhergerufen. „Ja, ich habe eine schiefe Nase und eine Hasenscharte, aber ich habe einen klaren Verstand und ein liebesfähiges Herz, was man von vielen Männern, denen du dein Lächeln schenkst, nicht behaupten kann."

Aber er hatte es nie gewagt, er hatte immer geschwiegen und so getan, als hätte er ihn nicht bemerkt, diesen feigen, verschreckten Blick, der nicht den Mut aufbrachte, den Menschen hinter dem unansehnlichen Gesicht zu entdecken.

Doch schließlich begegnete er mit Ayala einer Frau, die diesen Mut aufbrachte. Ihr Blick ließ sich nicht von seinen Mängeln abschrecken, suchte die unsichtbaren Vorzüge Kahelos und wurde fündig.

„Du bist der erste Mann, bei dem ich so sein kann, wie ich wirklich bin", gestand sie ihm einmal, als sie sich einen Monat kannten. Sie gingen am Ufer des Flusses spazieren, der durch die Stadt strömte, und als Ayala Kahelos Hand nahm, als sei es selbstverständlich, wurde es ihm warm ums Herz und hell in der Seele, und er spürte zum ersten Mal in seinem Leben, was es bedeutet, glücklich zu sein.

Seine Gedanken kreisten von nun an ständig um Ayala, und es fiel ihm schwer, seinen täglichen Pflichten als Buchhalter eines Juweliers mit der erforderlichen Aufmerksamkeit nachzukommen. Schon morgens fieberte er der Verabredung mit seiner Freundin entgegen, mit der er sich mehrmals in der Woche traf. Und nach jeder neuen Begegnung war es ihm, als wären Ayala und er sich ein weiteres Stück nähergekommen, und in seinen Träumen umarmten und küßten sie sich voller Leidenschaft. Dabei hatte es, abgesehen von dem Spaziergang Hand in Hand, noch keine körperliche Vertrautheit zwischen ihnen gegeben, aber Kahelo war voller Hoffnung, daß sich die Freundschaft eines wunderbaren Tages in eine Liebe verwandelte, die seine tiefsten Sehnsüchte stillen würde.

In diese Zeit fiel die Geburtstagsfeier seines besten und wohl auch einzigen Freundes Motu, zu der er in Begleitung von Ayala erschien. Seinem verliebten Blick entging, daß sich in dem Moment, als er Ayala und Motu miteinander bekannt machte, etwas zwischen den beiden ereignete, das seinen hochfliegenden Träumen ein jähes und bitteres Ende setzen sollte.

Er spürte bei den folgenden Begegnungen mit Ayala nur, daß sich etwas verändert hatte. Sie wirkte immer häufiger geistesabwesend, nahm ihn auch nicht mehr bei ihren gemeinsamen Spaziergängen bei der Hand, doch wenn er sie fragte, ob sie etwas beschäftigte oder bedrückte, schüttelte sie ihren Kopf.

Dann kam der Tag, der sein Leben aus der Bahn warf. Kahelo verließ am späten Nachmittag sein Büro, und das schöne Wetter veranlaßte ihn, nicht den direkten Weg zu seiner kleinen Wohnung zu nehmen, sondern einen Umweg durch den Stadtpark zu wählen, wo der Frühling vielen Bäumen eine prachtvolle Blüte beschert hatte.

Unter einem dieser Bäume lag ein Liebespaar eng umschlungen im Gras – ein Anblick, der Kahelo unwillkürlich zum Lächeln brachte. Doch als er näher kam, verschwand das Lächeln aus seinem Gesicht und machte einem namenlosen Schrecken Platz, der ihm das Gefühl gab, nicht mehr atmen zu können – denn die beiden Liebenden unter dem blühenden Kirschbaum waren Ayala und sein Freund Motu.

Sie waren so sehr in einen leidenschaftlichen Kuß versunken, daß sie Kahelo nicht wahrnahmen, obwohl er nur wenige Schritte vor ihnen stand, wie zur Salzsäule erstarrt. Ein

Giftstachel bohrte sich in sein Herz und tötete mit seinem Stich alles Leben, alle Hoffnung in ihm.

Noch am selben Abend packte Kahelo einen Koffer mit seinen wichtigsten Habseligkeiten und verließ auf Nimmerwiedersehen die Stadt seiner Geburt und seines inneren Todes.

Von diesem Tag an war sein Glaube an die Liebe und die Freundschaft erloschen, aber sein Lebenswille war stark genug, um nicht an der Enttäuschung zu zerbrechen, die sein Herz versteinert hatte.

Mit viel Fleiß und Geschick gelang es ihm, in der neuen Stadt Fuß zu fassen. Nach sieben Jahren harter Arbeit bei verschiedenen Brotherren, in denen er sich dank seiner bescheidenen Lebensart eine ausreichende Summe zusammengespart hatte, machte er sich als Antiquitätenhändler selbständig.

Er führte sein Geschäft so umsichtig und tüchtig, daß er es nach weiteren neun Jahren zum erfolgreichsten Vertreter seines Berufsstandes gebracht hatte, dem man nachsagte, einer der reichsten Männer der Stadt zu sein, weil er nur eine Liebe kenne – die zum Geld.

Als Kahelo in die Gegenwart zurückkehrte und die Augen öffnete, fiel sein erster Blick auf das lächelnde Gesicht der Buddha-Statue, und er spürte voller Freude, wie etwas sich in seinem Herzen regte, das er seit der Flucht aus seiner Heimatstadt für tot gehalten hatte. Und er verstand voller

Dankbarkeit, daß Buddhas Lächeln ihn von seiner inneren Erstarrung wie von einem bösen Fluch befreit hatte.

Er beugte sich vor und küßte die Statue.

Dann ging er ins Schlafzimmer, öffnete seinen Tresor, dem er so viel Geld entnahm, wie eben in seine Hosen- und Jackentaschen paßte, und verließ sein Haus.

Als er auf der Straße stand, kam die Sonne hinter einer dunklen Wolkenwand hervor, als wollte sie Zeuge seiner Verwandlung sein.

Mit dem Glück, das sein aus totengleichem Schlaf erwecktes Herz ihm schenkte, ging eine Dankbarkeit Hand in Hand, die keinen Aufschub duldete. Mit schnellen Schritten machte er sich auf einen ziellosen Weg durch die Straßen. Begegnete er einem Menschen, der so aussah, als besäße er gerade das Nötigste, griff er in seine Tasche, drückte ihm ohne Worte Geld in die Hand und ließ ihn mit seiner Überraschung allein, schon auf dem Weg zu dem nächsten Passanten, dem er seine auf so wunderbare Weise gewonnene Erfahrung zeigen konnte, daß der Geiz in einem erwachten Herzen keinen Halt mehr findet.

Zum ersten Mal seit so vielen Jahren sah Kahelo die Menschen nicht mehr als bloße Träger ihres Geldbeutels, sondern als einzigartige, verletzliche und vom Leben oft hart geprüfte Wesen, die Mitgefühl und Großzügigkeit verdienten. Er sah in ihre Augen und erkannte ihre enttäuschten Sehnsüchte, ihre gescheiterten Hoffnungen, und jedes Mal, wenn diese Augen in ungläubiger Freude über die Großzügigkeit eines

Fremden aufglänzten, durchströmte ihn ein nie gekanntes Glücksgefühl.

Kahelo verschenkte sein Geld bei seinem rauschhaften Gang durch die Stadt, verteilte es an alle ärmlich gekleideten, sorgenvoll wirkenden Frauen und Männer, die ihm über den Weg liefen. Er fühlte sich so beschwingt und innerlich frei wie nie zuvor in seinem Leben, und je leerer seine Taschen wurden, desto mehr füllte sich sein Herz mit überschäumender Lebensfreude.

Am nächsten Morgen betrat Leta sein Geschäft mit den Worten: „Sei gegrüßt, Kahelo. Wie versprochen – hier bin ich wieder. Hast du dir inzwischen überlegt, ob du mir die Buddha-Statue verkaufst?"

Kahelo erwiderte ihren Gruß. „Ja, Leta, ich habe es mir überlegt. Du hattest recht – manchmal ändern sich die Dinge über Nacht. Gedulde dich bitte einen Augenblick."

Mit einem Schmunzeln über Letas verwundertes Gesicht ging der Verwandelte in seine Wohnung hoch, kehrte mit der Buddha-Statue in den Armen zurück und stellte sie auf seinen Schreibtisch mit den Worten: „Dies ist eine ganz besondere Statue."

„Soll das heißen, daß du einen höheren Preis für sie verlangst?"

Kahelo schüttelte den Kopf. „Nein – ich schenke sie dir."

„Wie bitte? Stimmt etwas nicht mit dir?"

„Jetzt stimmt alles. Vorher stimmte alles nicht."

Leta musterte ihn befremdet und schüttelte unwillkürlich den Kopf. „Du willst mir wirklich diese wertvolle Statue schenken? Ich verstehe dich nicht! Du weißt, daß es mir und meinem Mann nicht gerade an Geld mangelt."

„Eben deshalb schenke ich sie dir."

Leta runzelte die Stirn und sah ihn an, als würde sie an seinem Verstand zweifeln.

Der Verwandelte lächelte auf eine Weise, die sie noch nie an ihm gesehen hatte, und überreichte ihr die Buddha-Statue.

„Komm morgen wieder zu mir! Ich bin sicher, daß du mich dann verstehen wirst."

„Das kann ich mir nicht vorstellen", erwiderte Leta.

„Komm trotzdem! Du weißt doch – manchmal ändern sich die Dinge über Nacht."

Lebensfreude

Lebensfreude ist ganz wichtig,
durch sie wird alles lebenswert.
Deshalb ist Lebensfreude immer richtig.
Ohne sie wird selbst das Richtige verkehrt.

Jedes Lächeln ist ein Geschenk

Grenzenlose Weite

Ich bin erfüllt
von gestilltem Leben –
ein Lächeln von Kopf bis Fuß,
in dem das Lachen besänftigt,
das Weinen befreit ist –
ein strömendes Ruhen
im Gleichgewicht des Glücks.

Ich jubiliere und atme Sternenlicht.
Mein Herz spürt grenzenlose Weite
und staunt mit Kinderaugen.

Und alles fließt, fließt über,
ist sich mehr als genug.

Ganz allein kann ich
in seligmachender Gesellschaft sein.

Und ich danke dem Leben
mit einem Lächeln
in der Dunkelheit.

Lächle das Leben an

Lächle das Leben an,
obwohl du weißt,
daß es nicht immer
zurücklächeln kann.

Über das Lächeln

Es gibt
zwei Arten des Lächelns.

Das eine kommt von innen,
ist Ausdruck
eines guten Gefühls.

Das andere geht nach außen,
ist Anstrengung
gewisser Gesichtsmuskeln.

Freude

Freude ist
ein sonniges Lächeln,
das plötzlich entsteht
in der Nähe eines Menschen –

und man hält
mitten im Satz inne,
weil die Worte nur
den Sinn hatten,
dieses Lächeln
hervorzulocken.

Glanzlichter

Menschen, die uns
zum Lächeln bringen können,
wenn wir nur an sie denken,
sind Glanzlichter in einer
von Zweck und Zwang
verdunkelten Gefühlswelt.

Die Freude innen

Die Freude innen
drängt nach außen,
will teilen, sich mitteilen.

Frühling schenkt sich der Stadt;
Sonne strahlt wilden Frohsinn aus,
erwärmt die Gemüter der Passanten.

Ich gehe ziellos durch die Straßen,
mische mich in den Menschenstrom,
öffne mein Lächeln allen,
die sich ihm nicht verschließen,
gebe und bekomme, komme an,
gehe weiter, gebe weiter,
fühle, was an Gutem möglich wäre
zwischen Fremden –
in einer Wirklichkeit,
in der die Herzen Freiheit leben.

Eine kleine Kette des Lächelns

Bei einem Spaziergang durch den dank schönstem Wetter gut besuchten Stadtpark wurde Sonja von Sebastian angelächelt. Er war ihr zwar sympathisch, aber sie erwiderte sein Lächeln nicht, da sie in sorgenvollen Gedanken versunken war.

Erst nachdem Sebastian sie passiert hatte, wurde ihr bewußt, daß er ziemlich gut ausgesehen hatte. Unwillkürlich legte sich ein Lächeln darüber auf ihre Lippen, daß er sie offenbar attraktiv gefunden hatte.

Sonjas aus dem angenehmen Gefühl der Selbstbestätigung resultierendes Lächeln wiederum wurde von dem schüchternen Christian, der ihren Weg kreuzte und so gut wie nie in der Öffentlichkeit von einer Frau angelächelt wurde, fälschlicherweise auf sich selbst bezogen. Er gab sich einen Ruck und lächelte zurück, was Sonja allerdings überhaupt nicht wahrnahm.

Ganz im Gegensatz zu der ebenfalls schüchternen Julia, die Christians Lächeln irrtümlich als für sie bestimmt empfand. Auch Julia, die normalerweise das Lächeln eines fremden Mannes in der Öffentlichkeit nicht erwiderte, gab sich einen Ruck und lächelte zurück.

Nun sprang Christian über seinen Schatten und tat etwas, was er sonst nie tat: Er sprach eine fremde Frau an, wobei ihm ein am Wegrand stehender Baum half, der ihn zu den Worten inspirierte: „Blüht die Magnolie nicht einfach herrlich?“

Julia blieb stehen und warf einen Blick auf den Baum: „Ja, sie ist wunderschön."

Nun standen beide zusammen und bewunderten die blühende Magnolie. Als das gemeinsame Bewundern einen Punkt erreicht hatte, an dem es jeden Augenblick ohne Begründung von ihm oder ihr beendet werden konnte, sprang Julia über ihren Schatten und fragte: „Wollen wir ein Stück zusammen spazieren?"

„Sehr gern", antwortete Christian, und so setzten sie ihren Spaziergang gemeinsam fort. Das sich dabei entwickelnde Gespräch empfanden beide als so angenehm, daß sie sich vor dem Abschied zu einem zweiten Parkspaziergang verabredeten.

Nun ließe sich viel über die weitere Entwicklung der Beziehung dieser beiden scheuen Menschen erzählen. Das Entscheidende jedoch ist, daß sie sich ineinander verliebten und einander lieben lernten, ein Jahr nach ihrer ersten Begegnung eine gemeinsame Wohnung bezogen und zwei Jahre später heirateten.

Vor kurzem haben Julia und Christian ihre silberne Hochzeit gefeiert und empfinden ihre erste Begegnung im Stadtpark nach wie vor als einen wunderbaren Glücksfall. Wenn sie wüßten, daß Sebastians fruchtloses und Sonjas geschmeicheltes Lächeln ihre Liebe ermöglicht hatten, würden sie sich sicherlich gern mit einem großen, von Herzen kommenden Geschenk bei ihnen bedanken.

Aber sie wissen es nicht. Das wissen nur wir.

Sein Lächeln

Den Menschen,
den du so sehr gesucht hast,
erkennst du daran,
daß sein Lächeln alles hat,
was du dir von
einem Lächeln wünschen kannst.

Ein verlorener Tag

Ein Tag
ohne ein Lächeln,
ohne ein Lachen,
ohne Momente
der Liebe und Lebensfreude
ist im Grunde
ein verlorener Tag.

Leichtigkeit (I)

Nimm das Leben nicht allzu ernst,
damit du dich nicht zu weit von der Freude entfernst.
Laß möglichst viel Leichtigkeit in dir sein,
Leichtigkeit macht Wasser zu Wein.

Die Lockerheit

Ich lobe mir die Lockerheit.
Oft macht sie Schwieriges leicht.
Mit einer guten Portion Lockerheit
hab ich schon so manches Gute erreicht.

Die Lockerheit ist ein wirksamer Trumpf,
mit dem man Starre und Steifheit vermeidet –
denn die machen das Messer stumpf,
mit dem man lähmende Fesseln durchschneidet.

Leichtigkeit (II)

Leichtigkeit ist unentbehrlich,
sie macht Spaß, sie hält jung.
Ohne sie wäre das Leben zu beschwerlich,
ihm fehlte der rechte Schwung.

Mit Leichtigkeit meistern wir Hürden,
überwinden Hindernisse, lösen Ketten,
die uns gefangen halten würden,
wenn wir die Leichtigkeit nicht hätten.

Leichtigkeit beflügelt und befreit.
Deshalb möchten wir sie nicht missen.
Wo wären wir ohne die Leichtigkeit?
Ich würde sagen: aufgeschmissen.

Seelengewinn

Klingelt die Freude an deine Tür,
steh schnell auf und öffne ihr,
denn sie gibt dir Schönheit und Sinn –
sie ist ein großer Seelengewinn.

Freude ist ein Stück Ewigkeit,
ein frohes Stillstehen der Zeit.
Sie macht das Herz heiter
und die Seelenlandschaft weiter.

Offenbarung

Im scheinbar
grundlosem Lächeln
offenbart sich
die Natur der Seele.

Der gefundene Schatz

Ein junger Goldschmied namens Golan beschloß, sein Leben zu ändern, nachdem er erkannt hatte, daß die allgemeine Art zu leben so sehr von grauer Oberflächlichkeit, sinnleeren Gewohnheiten und hohlem Gerede bestimmt war, daß sie nur falsch sein konnte.

Er konnte nicht verstehen, daß kaum ein Mensch in der ganzen Stadt sich die Frage nach dem Sinn seines Daseins stellte und nach befriedigenden Antworten suchte. Das Leben war doch mehr als eine zwangsläufige Folgeerscheinung der Geburt, es war ein zu lüftendes Geheimnis, ein zu lösendes Rätsel, ein zu findender Weg.

So gab Golan seinen Beruf auf, verkaufte alle Habseligkeiten, packte seinen Rucksack und verließ die Stadt, weil seine innere Stimme ihm sagte, daß er dort nicht finden würde, was er suchte.

Drei Jahre lang zog er durch das Land, in denen er vielen Menschen begegnete, darunter auch manchen, die – wie er – auf der Suche nach dem eigentlichen Sinn des Lebens waren. Mit einigen von ihnen freundete er sich an, und sie wurden seine Reisegefährten, bis ihre Wege sich wieder trennten. Von jeder Begegnung nahm Golan etwas mit, das sein Herz erfrischte und seinen Geist bereicherte.

Doch seine tiefsten Fragen blieben unbeantwortet.

Wenn er Geld benötigte, nahm er irgendwo eine Gelegenheitsarbeit an und zog bald wieder weiter, in der Hoffnung, daß sich eines Tages sein Traum erfüllen würde, den er in der Nacht vor seinem Aufbruch gehabt hatte. Darin war er einem weisen Mann begegnet, der ihm klare Antworten auf die wichtigsten Fragen gab, die ihm auf der Seele lagen.

Es sollten aber noch zwei weitere Jahre vergehen, bis seine Hoffnung sich erfüllte – Jahre, in denen er immer öfter von dem Gefühl geplagt wurde, daß seine Suche vielleicht vergeblich war und er sie schließlich ermüdet aufgeben und sich mit dem begnügen würde, was der großen Mehrzahl aller Menschen offensichtlich genügte – ein Leben ohne tieferen Sinn, ohne höhere Bedeutung.

Eines Nachmittags wanderte Golan durch ein grünes, weitläufiges Tal, durch das sich ein schmaler Fluß schlängelte.

Zu seiner Überraschung erblickte er nach einer Wegbiegung ein hinter Bäumen und blühenden Sträuchern verstecktes kleines Holzhaus, auf dessen Terrasse ein älterer Mann saß, der auf ihn zu warten schien – als habe Golan ihm seinen Besuch angekündigt. Der Mann winkte freundlich und forderte ihn mit einer Handbewegung auf, zu ihm zu kommen.

Golan zögerte nicht, der Einladung zu folgen.

„Willkommen. Mein Name ist Kalim. Ich habe letzte Nacht geträumt, daß du mich heute besuchen würdest", eröffnete der Mann das Gespräch, „also habe ich heute morgen einen zweiten Stuhl auf die Terrasse gestellt."

Sprachlos vor Verwunderung fühlte Golan sein Herz im Hals klopfen, während er sich zu dem Mann setzte und nach den richtigen Worten suchte. „Ich heiße Golan", sagte er schließlich, „und bin auf der Suche nach dem wahren Leben."

Kalim, der etwa doppelt so alt wie Golan sein mochte, sich aber die strahlenden Augen eines lebensfrohen jungen Mannes bewahrt hatte, nickte lächelnd. „Ich weiß. Du hast mich gefunden, weil ich es gefunden habe. Ich habe es – wie du – jahrelang auf abenteuerlichen Reisen gesucht, bis ich vor etwa zehn Jahren in diesem wunderschönen Tal entdeckte, daß das wahre Leben in mir selbst verborgen lag. Also habe ich mir dieses kleine Haus gebaut und bin hier geblieben."

Golan spürte eine seltsame Erregung in sich wachsen. „Du hast das wahre Leben gefunden? Ja, ich sehe es in deinen Augen. Sie blicken bis auf den Grund der Schöpfung. Ich ziehe nun schon seit fünf Jahren durch dieses große Land und suche es noch immer. Zu Beginn meiner Reise habe ich von einem Mann geträumt, den ich eines Tages finden würde. Er hatte deine Augen."

Kalim lächelte versonnen. „Unsere Träume sind oft die Wegweiser unserer Seele. Sie sagen uns, was wir eigentlich wollen und wer wir wirklich sind. Du wirst in den fünf Jahren deiner Wanderschaft manches erlebt und gelernt haben."

„Ich habe so manche Erkenntnisse über mich und die Menschen gewonnen. Und in besonderen Augenblicken fühlte ich mich dem wahren Leben nah – doch immer wieder entfernte ich mich von ihm, ohne es zu wollen."

„Ja, so ist es auf dieser Art von Suche – und viele geben sie leider zu früh auf, weil sie müde sind und die Hoffnung verlieren. Doch das Finden geschieht meistens unverhofft. Oft kann das, was wir uns am meisten wünschen, sich erst ereignen, wenn wir die Hoffnung aufgegeben haben, daß es geschehen wird. Wer hofft, lebt für die Zukunft, für ein Ziel, und das hindert ihn daran, ganz und gar im Augenblick aufzugehen. Aber gerade darauf kommt es an, denn nur in der vollkommenen Gegenwärtigkeit offenbart sich das wahre Leben."

„Ich habe immer nur einen flüchtigen Blick darauf werfen können, ich konnte seinen Zauber, seinen Glanz erahnen – doch dann verlor ich es wieder und wieder", sagte Golan. „Dabei sollte es doch nicht schwierig sein, einfach in der Gegenwart zu bleiben."

„Das Leichteste ist oft das Schwierigste", erwiderte Kalim. „Wenn du im wahren Leben bist, siehst du allerdings keinen Unterschied mehr zwischen leicht und schwierig, denn alles ist im Grunde eins. Du findest deinen Weg mit derselben Natürlichkeit und Sicherheit wie dieser Fluß, an dessen Ufer sich meine inneren Augen öffneten und ich erkannte, daß ich das wahre Leben überall entdecken kann, wenn ich es einmal in mir gefunden habe. Bis zu diesem Zeitpunkt hatte ich es überall gesucht und nirgendwo gefunden. Es war seltsam festzustellen, daß ich jahrelang umhergereist war, um schließlich zu erkennen: Ich hätte mich nicht von der Stelle bewegen müssen, um zu finden, was ich gesucht hatte. Und doch mußte ich es."

„Das klingt widersprüchlich", erwiderte Golan.

„Es klingt nur so, weil es dem Verstand so erscheint", erklärte Kalim. „Doch der Verstand täuscht sich – und jeden, der ihm folgt. Nur die Seele kennt den Weg ins Eigentliche."

Kalim stand von seinem Stuhl auf, ging einige Schritte und blickte auf den Fluß hinunter. „Dort saß ich damals am Ufer, sehr müde und enttäuscht von der Vergeblichkeit meiner langen Reise, voller Zweifel und düsterer Gedanken, und blickte auf die Oberfläche des Wassers. Plötzlich kam die Sonne hinter einer dunklen Wolke hervor. Ihr Licht fiel mit einem Schlag auf den Fluß und spiegelte sich mit einem übermütig tanzenden Glitzern wider. In diesem Augenblick bekam ich die langersehnte Antwort auf meine Frage nach dem richtigen Weg. Ich erkannte in der dunklen Wolke meine eigenen Gedanken, mehr noch, meinen Verstand schlechthin, der wie diese Wolke sich vor die Sonne meiner Seele geschoben hatte – und nun plötzlich zur Seite wich und mir das Licht offenbarte, das unentwegt in meiner eigenen Seele strahlt. In diesem wundervollen Augenblick wurde ich eins mit mir, eins mit dem wahren Leben – und wußte, daß diese Vereinigung endgültig sein würde. Meine Freude und Dankbarkeit kannten keine Grenzen, ich tanzte und sang am Ufer des Flusses und stürzte mich schließlich jubelnd in sein klares Wasser."

Kalim setzte sich lächelnd wieder zu seinem Besucher an den Tisch. Die Luft war angenehm warm und erfüllt von dem Duft blühender Sträucher und dem Gesang der Vögel in den Bäumen.

„Ich freue mich sehr für dich, daß du dein Ziel erreicht hast", sagte Golan. „Und ich schöpfe Mut und Kraft aus deinen Worten, denn wenn es dir gelungen ist, den Weg ans Licht zu finden, kann es auch mir gelingen."

„Es wird dir gelingen, Golan! Es wird geschehen und dich mit seiner Pracht überwältigen. Du wirst verstehen – und nicht begreifen, warum du nicht eher verstanden hast, denn es war schon immer in dir. Es hat sich nie vor dir versteckt, du hast es nur nicht richtig gesucht. Aber du wirst es finden, wie jeder wirklich Suchende es früher oder später entdeckt."

„Deine Ermutigung tut mir gut, Kalim, denn ich bin schon lange unterwegs, und nicht nur meine Beine sind müde geworden."

Kalim nickte mitfühlend. „So ging es mir auch, in den letzten Jahren vor meiner inneren Befreiung. Oft war ich kurz davor, meine Suche aufzugeben. Deshalb rate ich dir: Sei wachsam, um die Zeichen zu erkennen, die das Leben dir gibt. Bleibe geduldig und gelassen, wenn Belastungen und Rückschläge dich bedrücken wollen. Nimm auch die unangenehmen Überraschungen an – als unvermeidlichen Teil des Ganzen, aber trage das Geschehene keinen Schritt länger als nötig in die Zukunft. Suche unermüdlich den Weg ins Herz des Augenblicks. Dort findest du Weisheit, dort findest du das wahre Leben. Und laß dich nicht von dem Verstand an der Nase herumführen!"

Golan betrachtete seinen unverhofften Gastgeber mit wachsender Bewunderung.

„Der Verstand hat zwei Gesichter“, fuhr Kalim fort, „das eines Helfers und das eines Zerstörers. Er kann uns in alltäglichen Dingen nützen, aber auf der Suche nach dem Wesentlichen großen Schaden zufügen. Denn oft ist es so, daß seine Bedenken und Zweifel, die uns vor Schwierigkeiten schützen sollen, uns erst in wirkliche Schwierigkeiten bringen. Der Verstand hat Angst vor allem, wovor man nur Angst haben kann, aber er fürchtet am meisten die Erkenntniskraft der Seele, die uns Einsichten schenken kann, die der Verstand nicht versteht. Er fürchtet die Seele, weil sie seine Macht brechen kann.“

„Eben habe ich in Gedanken darüber geklagt“, sagte Golan, „daß ich dir nicht eher begegnet bin. Dabei sollte ich mich freuen, dich überhaupt gefunden zu haben.“

„Ja, Golan, so ist der Verstand, der Vater unserer Gedanken. Er ist ein strenger, von Natur aus unzufriedener Vater, dem man es nicht recht machen kann. Schenkt man ihm eine Flasche mit Wasser, beklagt er sich darüber, daß man ihm nicht den Weg zum Brunnen gezeigt hat. Zeigt man ihm den Weg zum Brunnen, beschwert er sich darüber, daß der Weg so lang und beschwerlich ist. Schenkt man ihm einen Esel, der ihn zum Brunnen tragen kann, ist er beleidigt, daß man ihm kein Pferd geschenkt hat. Erwarte keine Weisheit, keine Dankbarkeit, keine Bescheidenheit von dem Verstand. Er gleicht einem maßlos verwöhnten, in sich selbst verliebten Prinzen, der immer und immer mehr haben will und doch nie zufrieden ist.“

„Es ist wunderbar zu erleben“, sagte Golan nach einer Weile gemeinsamen Schweigens, „wie jedes Wort, das du sagst, aus der Tiefe deines Wesens kommt, so natürlich und rein wie Wasser, das aus einer Quelle sprudelt.“

„Eines Tages, Golan, wirst auch du so sprechen, aus der Mitte deiner Seele, und ein Suchender am Ende seiner Kräfte wird zu dir kommen, wie du heute zu mir gekommen bist – und du wirst ihm neuen Mut geben, damit er seine Suche vollenden kann“, prophezeite Kalim. „Viele geraten früher oder später an den Punkt, wo sie ihre ganze Suche in Frage stellen, lassen sich durch Enttäuschungen entmutigen und geben kurz vor dem Ziel auf. Enttäuschungen entstehen aber nicht, damit du an ihnen scheiterst, sondern damit du aus ihnen lernst, dich nicht mehr zu täuschen – weder in anderen Menschen noch in dir selbst. Deshalb sind Enttäuschungen, so schmerzlich sie manchmal auch sein mögen, unentbehrliche Begleiter auf der Reise zu dir selbst.“

„Im Licht deiner Worte“, sagte Golan, „erkenne ich den Sinn vieler Dinge, die mir in den letzten Jahren widerfahren sind. Ich sehe jetzt auch, daß ich dich heute genau zum richtigen Zeitpunkt getroffen habe, ohne daß ich dir sagen könnte, woher ich es weiß. Ich danke dir für die Zuversicht, die du mir schenkst. Wenn ich auf meinem weiteren Weg anderen Suchenden begegne …“

„Dann sage ihnen nicht, wo ich lebe“, fiel Kalim seinem Gast ins Wort. „Wenn sie den Weg zu mir nicht unwillkürlich finden, brauchen sie die Begegnung mit mir nicht. Sage ihnen, daß sie sich ihre innere Freiheit durch nichts und niemanden nehmen lassen dürfen, daß sie die Augen des Herzens immer offenhalten und auf die Stimme der Seele hören sollen."

„Ich werde es ihnen ausrichten", sagte Golan. „Und wenn sie mich fragen, wie sie andere Menschen richtig einschätzen sollen?"

Kalim lächelte. „Ich freue mich, daß du an die anderen Suchenden denkst. Das zeigt, daß du deinem Ziel nicht mehr fern bist, denn Mitgefühl ist ein Vorbote der höchsten Einsicht. Gut – wenn sie dich nach der richtigen Einschätzung anderer Menschen fragen, sage ihnen, daß sie den anderen nicht an seinen Worten, sondern an seinem Verhalten erkennen. Stimmen seine Worte mit seinem Verhalten überein, haben sie einen ehrlichen, glaubwürdigen Menschen gefunden, dem sie ihr Vertrauen schenken können. Doch wenn seine Worte eine andere Sprache als seine Handlungen sprechen, tun sie gut daran, sich an seine Handlungen zu halten, denn in seinem Handeln offenbart sich das Wesen eines Menschen viel zuverlässiger als in seinen Worten."

„Auch das werde ich ihnen überbringen, Kalim. Oft habe ich mich auf meiner Reise gefragt, warum so wenig Gutes zwischen den Menschen geschieht. Jetzt glaube ich den Grund zu wissen: Sie lassen es nicht geschehen. Sie halten die Türen der Liebe und des Vertrauens verschlossen, weil sie Angst haben, daß ihnen etwas Schlechtes widerfahren könnte, wenn sie sich öffnen. Aber gerade diese Angst verhindert, daß etwas Gutes entstehen kann."

Kalim nickte zustimmend. „Ja, die Angst ist eine mächtige Herrscherin und ein großes Hindernis auf dem Weg zur Lebensweisheit und Selbstfindung. Die meisten Menschen dienen ihr statt ihrem Seelenheil, das nur der Mensch gewinnen kann, dessen Vertrauen ins Leben stärker ist als die Angst vor ihm."

„Fühlst du dich hier nicht manchmal ein wenig einsam?" brach Golan das Schweigen, das nach Kalims Worten entstanden war.

Kalim lachte. „Nein, dieses Gefühl kenne ich nicht mehr seit dem Tag meiner Befreiung. Wenn du weiter flußabwärts gehst, wirst du bald zu einem Dorf gelangen. Dort besorge ich mir, was ich zum Leben brauche – und wenn mir danach ist, finde ich dort auch Gesellschaft."

Der Einsiedler blickte flußabwärts. „Manchmal kommt der eine oder andere Dorfbewohner zu mir. Meistens suchen sie meinen Rat. In der Regel rate ich ihnen, was ihrem inneren Frieden und dem Dorffrieden dienlich ist. Ich freue mich, wenn sie mich besuchen, und ich freue mich, wenn sie wieder gehen. Sieh nur, wir haben Besuch von der Schönheit."

Kalim betrachtete mit offensichtlicher Entzückung einen Schmetterling, der sich auf den Tisch gesetzt hatte, an dem die beiden Männer saßen, und sagte leise, als wollte er den bunten Gaukler der Lüfte nicht verscheuchen: „So unverhofft, wie dieser Falter zu uns gekommen ist, kommt alles Schöne in unser Leben."

Nach Kalims Worten flog der Schmetterling wieder davon – und auch Golan spürte, daß der Zeitpunkt gekommen war, sich von dem Menschen zu verabschieden, den er so lange gesucht und schließlich gefunden hatte.

„Wie kann ich dir danken, Kalim, für alles, was du mir mit auf den Weg gegeben hast?"

„Indem du ihn weitergehst, bis du dein Ziel erreichst."

„Das verspreche ich dir."

Nach dem Abschied von Kalim konnte Golan nicht dem Wunsch widerstehen, im Wasser des Flusses zu baden, an dessen Ufer Kalim das wahre Leben gefunden hatte.

Nach seinem Bad ließ er sich von der Sonne trocknen und setzte schließlich beschwingt wie lange nicht mehr seine Wanderschaft fort.

Bald erreichte er das Dorf, von dem Kalim ihm erzählt hatte. Ein paar hundert Menschen hatten sich dort niedergelassen und führten ein Leben, dessen Alltäglichkeit Golan nicht genügen würde. Doch die Leute, denen er im Dorf begegnete, wirkten nicht unzufrieden, wenn auch nicht gerade glücklich mit ihrem Los. Sie sahen ihn neugierig an und grüßten freundlich, aber drängten sich nicht auf, und Golan war es recht so, denn er verspürte kein Bedürfnis nach Gesellschaft.

Als er den Dorfplatz erreichte, lud eine Holzbank unter dem Blätterdach eines Baumes ihn zu einer kleinen Rast ein.

Er nahm seinen Rucksack ab, setzte sich und betrachtete die vorbeigehenden Menschen, die ausgelassen miteinander spielenden Kinder, die umhertollenden Dorfhunde, wobei er ganz Auge war, ganz in der Gegenwart. In der vollkommenen Gegenwärtigkeit offenbart sich das wahre Leben, hatte Kalim gesagt, und Golan spürte, wie die Worte des Weisen ihm halfen, immer gegenwärtiger zu werden.

Vor seinem geistigen Auge sah er das Gesicht des Einsiedlers am Fluß, das die tiefe Einsicht ins Wesen des Lebens ausdrückte, die der Weise gefunden hatte.

Plötzlich hörte er schnelle Schritte hinter sich, und im nächsten Augenblick stand ein Mädchen neben ihm, vielleicht acht Jahre alt, und sah ihn aus großen Augen an, deren Glanz ihn an das Strahlen der Augen des Einsiedlers erinnerte.

Das Mädchen streckte die Hand aus, in der es eine wunderschöne blaue Blume hielt, gab sie Golan mit einem Lächeln und sagte: „Für dich."

Golan betrachtete voller Freude das überraschende Geschenk. Dann führte er die Blume zu seiner Nase, wobei sein Herz vor Aufregung klopfte wie das eines Verliebten.

Als er den berauschenden Blütenduft tief einatmete, geschah es: Mit einem Schlag fiel die Mauer, die ihn bis zu diesem Augenblick vom Ziel seiner Suche getrennt hatte, und er trat ins wahre Leben ein. Überschäumende Freude durchströmte ihn, und er begann zu lächeln. Er hatte das wunderbare, befreiende Gefühl, ins Innerste des Lebens zu blicken, und dort war alles, was er gesucht hatte: Frieden, Schönheit, Freiheit, Glück und Freude.

Auf dem Dorfplatz war es ruhig geworden. Kein Mensch oder Tier war zu sehen, es war völlig windstill, als hielte die Zeit den Atem an, und über allem lag ein leuchtender, kostbarer Frieden, den Golan mit Leib und Seele einatmete. Es war noch immer dasselbe Dorf, aber Golan war ein anderer geworden, und deshalb war auch das Dorf ein anderes. Alles hatte sich verändert: der Brunnen auf dem Platz, die Bäume vor den Häusern, die weißen Wolken am Himmel. Die ganze Welt war auf einmal eine andere geworden. Golan erkannte die tiefe Schönheit, die vollkommene Harmonie, das unfaßbare Wunder der Schöpfung mit den Augen der Seele und nahm es mit dem Herzen eines Liebenden auf.

Was immer ihm auch gerade geschehen war, es hatte ihn unwiderruflich verändert, es hatte ihn zu dem Ziel geführt, nach dem er sich so lange gesehnt hatte. Golan war eins geworden mit dem Wesen des Lebens, und sein Lächeln war das Lächeln des glücklichen Finders eines unverlierbaren Schatzes.

Als er sich umdrehte, um zu schauen, wohin das Mädchen gelaufen war, das ihm die Blume geschenkt hatte, konnte er es nirgends mehr entdecken.

Lob der Langeweile

Langeweile ist zu Unrecht unbeliebt.
Wer Langeweile hat, der hat auch freie Zeit.
Seien wir froh, daß es die Langeweile gibt!
Sie ist im Grunde nur ungenutzte Freiheit.

Zeitverhältnis

Ein kleiner Augenblick,
in dem die Seele
vor Freude tanzt,
wiegt mehr
als viele Stunden,
in denen der Körper
in Genüssen schwelgt.

Das Faultier und die Ameise

Ein Faultier fragte eine Ameise: „Warum genießt du dein Leben nicht? Von morgens bis abends schuftest du und gönnst dir keine Minute Ruhe!"

„Aber so leben wir alle in unserem Ameisenreich: um zu arbeiten, nicht um zu ruhen."

„Jetzt vergiß doch mal dein Ameisenreich", brummte das Faultier lässig, „und denk an dich."

„Das kann ich nicht", sagte die Ameise. „Meine Aufgabe ist es, von früh bis spät der Königin zu dienen."

„Quatsch", sagte das Faultier, „ein Lebewesen ist mehr als ein Rädchen in einem Getriebe. Und das Leben ist mehr als pausenlose Arbeit. So kann man doch nicht glücklich sein!"

„Ich bin aber glücklich", erwiderte die Ameise. „Glücklich damit, ein Rädchen in einem Getriebe zu sein, wie du dich ausdrückst. So ist nun mal das Leben einer Ameise!"

Das Faultier schüttelte fassungslos den Kopf. „Wie kannst du mit einem solchen Sklavenleben glücklich sein?"

„Weil ich nur dieses Leben habe. Und weil ich das liebe, was ich habe, bin ich glücklich damit."

„Du machst dir was vor", behauptete das Faultier. „Man kann nicht glücklich sein, wenn man immer nur schuftet!"

„Ich bin aber glücklich", insistierte die Ameise.

Dem Faultier wurde das Gespräch zu anstrengend, und so trollte es sich mit der gebührenden Langsamkeit, um weiter in aller Ruhe zu faulenzen.

Heiterkeit

Das Leben
ist voller Heiterkeit,
wenn wir die Heiterkeit
in unserem Herzen nicht verlieren.

Humor und Heiterkeit

Humor und Heiterkeit
klären das Denken,
können uns reich beschenken
mit Durchblick und Gelassenheit.

Heiterkeit und Humor
sind Eigenschaften, die man haben muß.
Sie kommen dem Mißmut zuvor
und schützen uns vor Frust und Verdruß.

Das Leben hat täglich Geburtstag

Lebensfreude

Lebensfreude ist der Honig des Lebens,
die Quelle des Gebens.
Lebensfreude macht die Sicht klar,
Lebensfreude ist unersetzbar.
Mit ihrer Heiterkeit
versüßt und verschönert sie deine Zeit.
Lebensfreude fördert Lebensliebe,
streut dem Mißmut Sand ins Getriebe.

Fühlst du sie, dann liegst du richtig,
denn kaum etwas ist so wichtig,
als möglichst oft mit ihr zu leben.
Wer sie fühlt, kann sie auch weitergeben.
Genießt du sie,
dann brauchst du keine Philosophie.
Gib dich ihr mit Leib und Seele hin:
Sie schenkt dir Kraft und deinem Leben Sinn.

Geflogen

Geflogen über dem Trübsinn,
den quadratischen, einfarbigen
Parzellen des Alltäglichen,
hoch über dem Lebenskampf,
dem lauten Rennen
um die vermeintlich besten Plätze.

Das Gefühl leicht wie ein Traum,
tief wie ein Lächeln,
das schöner spricht
als der größte Dichter
zwischen seinen besten Zeilen.

Im Schweigen ist
das Leben noch ganz.

Gelassenheit

Gelobt sei dic Gelassenheit!
Sie läßt sich nicht verrückt machen.
Sie nimmt sich stattdessen die Zeit,
über die Verrücktheiten des Lebens zu lachen.

Nutze deine Zeit

Das Bewußtsein deiner Endlichkeit
sagt dir: Nutze deine Lebenszeit,
und zwar in vollen Zügen.
Laß dich nicht um sie betrügen,
gestalte sie mit Heiterkeit
und achtsamer Gelassenheit.
Schätze einen jeden Tag.
Was immer er auch bringen mag:
Bringe ihm Offenheit entgegen,
laß dich von ihm berühren und bewegen!

Hör niemals auf, dich zu entdecken,
schlafendes Potential in dir zu wecken.
Laß dich nicht blenden von dem Schein.
Versuche immer, du selbst zu sein.
Laß dich von Trends nicht in die Irre leiten,
denn du mußt nicht auf jeder Welle reiten.
Zähl nur auf das, was wirklich zählt.
Wähle nur das, was auch dich wählt.

Aufgebrochen

Aufgebrochen
ist das Saatkorn
neuer Möglichkeiten,
zerstört das Gehäuse
trügerischer Sicherheit.

Zart und schwach noch
wächst der Keim
der Oberfläche zu,
doch schon erfüllt
von Vorfreude
auf ungehinderte Entfaltung –

dem Licht
einer Welt entgegen,
die seinem Wachstum
keine Grenzen setzt.

Das Rotkehlchen und die Katze

Eine depressive Streunerin, die schon seit langem ihres Lebens nicht mehr froh wurde, schlich sich in hohem Gras an ein Rotkehlchen an, das in einer Pfütze auf einem Feldweg badete. Als sie so nah an den kleinen Vogel herangekommen war, daß sie ihn mit einem Sprung fangen konnte, wurde der Katze bewußt, mit welcher Fröhlichkeit und überschwenglicher Freude es sein Bad zelebrierte. Die Heiterkeit und Lebenslust des Rotkehlchens faszinierten sie so sehr, daß sie darüber ihre Absicht vergaß, es zu töten. Sie beobachtete den kleinen Vogel gebannt. Seine unbändige Freude an dem Wasser, in dem er so lebhaft hüpfte und planschte und dabei unentwegt sang, beeindruckte und berührte sie. Und so fragte sie das Rotkehlchen: „Warum freust du dich so? Im Grunde tollst du doch nur in einer Pfütze herum und wirst naß. Was ist daran so herrlich?“

„Alles! Wasser ist herrlich! Mit ihm zu spielen, ist wunderbar. Im Wasser zu baden, erfrischt und belebt mich“, erwiderte das Rotkehlchen.

„Aha. Warum hast du eigentlich keine Angst vor mir?“

„Warum sollte ich?“

„Weißt du denn nicht, daß eine Katze gern einen Vogel tötet?“

„Nicht, wenn sie mit ihm ein Gespräch anfängt. Das tut sie nur, wenn sie sich von einer Unterhaltung mit einem Vogel mehr erhofft als von seinem Tod.“

„Aha. Und was sollte ich mir davon erhoffen?“

„Sag du es mir!“ forderte das Rotkehlchen die Katze auf.

Die Katze dachte eine Weile nach, bevor sie die richtigen Worte fand: „Das Leben einer Streunerin ist hart. Immer ist sie auf sich allein gestellt, immer muß sie auf der Hut sein. Ich bin schon seit einer Ewigkeit entweder deprimiert oder traurig oder beides zugleich. Ich möchte von dir erfahren, wie du es schaffst, so lebensfroh zu sein.“

„Ich muß es gar nicht schaffen. Die Lebensfreude kommt von selbst. Zum Beispiel, wenn ich in einer Pfütze bade. Ich lasse sie einfach nur kommen.“

„Zu mir würde sie nicht kommen, wenn ich in einer Pfütze herumtolle. Ich würde mich nur naß und dreckig machen und mir dumm dabei vorkommen.“

„Du bist ja auch eine Katze, du mußt etwas anderes tun. Etwas, das dir soviel Freude macht, daß du alles andere dabei vergißt.“

„Es gibt nichts, das mir soviel Freude macht“, bekannte die Streunerin traurig.

„Das tut mir sehr leid“, sagte der kleine Vogel betroffen.

Die Katze spürte, daß die Worte des Rotkehlchens aus dem Herzen kamen und ihr gut taten. „Ich danke dir für dein Mitgefühl! Zum ersten Mal seit langem empfinde ich eine kleine Freude!“

Begnüge dich gelassen

Sei einfach natürlich, sei ungeschminkt,
auch wenn die Verlockung winkt,
dich hier und dort künstlich von anderen abzuheben.
Begnüge dich gelassen mit deinem natürlichen Leben.

Das Leben pflegen

Am Leben sollte man sich laben
und versuchen, weise zu werden,
anstatt herdentierartig zu traben
in geistig uniformierten Herden.

Das Leben sollte man genießen
und seine Schönheiten lieben und ehren.
Mit dem Lebensfluß sollte man fließen
und sich nicht mit Beschwerden beschweren.

Dem Leben sollte man sich hingeben,
statt furchtsame Bedenken zu hegen.
Wir haben nur dieses eine Leben –
und das sollten wir ganz gepflegt pflegen.

Was zu tun ist

Zehnmal über den eigenen Schatten springen,
dabei *Somewhere over the rainbow* singen.
Unter dem leerem Geschwätz wegtauchen,
von dem einem die Ohren rauchen.

Der Poesie tausend Bäume pflanzen.
Beflügelt aus der Reihe tanzen.
Sich vor der Liebe tief verneigen
und dabei Anmut zeigen.

Die Leichtigkeit tief inhalieren
und mit ihr Menschen inspirieren.
Der Phantasie Ehre erweisen
und mit ihr über Geistesgrenzen reisen.

Der Schönheit einen Garten bauen.
Dem Schicksal in die Karten schauen.
Scheinbar Unmögliches möglich machen.
Nicht mit den Wölfen heulen. Sondern lachen.

Ein märchenhafter Auftritt

Als Leon um die Mittagszeit zufällig aus dem Fenster seines Apartments blickte, traute er seinen Augen nicht. Denn auf dem gegenüberliegenden Gehweg trotteten ein Esel, ein Hund, eine Katze und ein Hahn gut gelaunt und mit einer Selbstverständlichkeit nebeneinander her, als sei das Trottoir für Tiere angelegt worden.

Leon schloß vor Schreck die Augen, kniff sich fest in den Arm und gab sich eine Ohrfeige. Dann öffnete er die Augen wieder und lugte noch einmal nach draußen, um sicherzugehen, daß er nicht halluzinierte. Die Tiere waren noch immer da, also offensichtlich Realität. Mit klopfendem Herzen riß er das Fenster auf und rief ihnen zu: „Seid ihr das, wonach ihr ausseht?"

„Korrekt", iahte der Esel. „Wir haben unser Haus im Wald verlassen und tun heute das, was wir schon immer wollten: nach Bremen ziehen!"

„Wir gehen zum Rathaus, um ein kleines Konzert zu geben!" bellte der Hund.

„Sag allen Leuten Bescheid, die du kennst", miaute die Katze. „Wir werden auf dem Rathausplatz auftreten."

„Um vier!" krähte der Hahn.

Leon gab sich eine weitere Ohrfeige auf die andere Wange, um gänzlich auszuschließen, daß er träumte oder sonstwie nicht mit der Realität verbunden war. Nichts änderte sich. Außer, daß ihm nun beide Wangen brannten.

Aufgeregt griff er zu seinem Smartphone, lehnte sich aus dem Fenster, zoomte das märchenhafte Tierquartett heran und machte ein Photo von ihm. Er konnte zwar immer noch nicht ganz glauben, was er gerade gesehen und gehört hatte, aber hielt es auf jeden Fall für mitteilenswert. Also twitterte er mit rasenden Daumenspitzen: „Die Bremer Stadtmusikanten (ja, die aus dem Märchen!) haben es nach Bremen geschafft und geben heute ein Konzert. Um 16 Uhr auf dem Bremer Rathausplatz. Kommt alle! Das ist kein Witz!"

Dann mailte er denselben Text mitsamt seinem Photo von den Tieren an alle Kontakte in seinem digitalen Adreßbuch, mit der Bitte um sofortige Weiterleitung, und postete die phantastische Nachricht auch in den sozialen Netzwerken.

Leon blickte auf die Zeitangabe seines Smartphones. Es war kurz vor zwei. Er nahm sich vor, rechtzeitig am Rathaus zu sein. Das würde ihn allerdings erhebliche Überwindung kosten. Er war schon seit über einem Monat nicht mehr aus der Wohnung gegangen. Wozu auch? Er befriedigte seine sozialen Bedürfnisse über das Internet, machte seinen Job am heimischen Computer und tätigte alle seine Einkäufe bis hin zur Tütensuppe online.

Die einzigen Menschen, die er physisch in den letzten Monaten gesehen hatte, waren die Boten der Logistikunternehmen, die ihm alles, was er zum Leben brauchte, in Päckchen- und Paketform an die Wohnungstür lieferten. Und seine neue, charmante Nachbarin, die Anfang des Monats in das Apartmenthaus eingezogen war. Sie stand vor einer Woche vor seiner Tür. Wollte sich einfach nur bei ihm vorstellen. Eine altmodische, aber irgendwie nette Geste. Er war von ihrer Attraktivität und Freundlichkeit so überrascht gewesen, daß er kein Wort über die Lippen bekommen und vermutlich keinen sonderlich guten Eindruck bei ihr hinterlassen hatte.

Leon hatte den Verdacht, daß er eine soziale Phobie entwickelt hatte, aber seriöse fachärztliche Diagnosen waren eine der wenigen Dienstleistungen, die noch nicht über das Internet zu kriegen waren. Neulich hatte er noch gelesen, daß mehr als ein Drittel der Bevölkerung unter denselben sozialen Angststörungen wie er litt. Tendenz steigend.

Leon hatte jetzt noch eine Stunde Zeit, Mut und Kraft zu sammeln für seinen Ausflug in die feindliche Welt. Der Gedanke daran, sich in die geballte Öffentlichkeit der City begeben zu müssen, rief einen massiven Schweißausbruch bei ihm hervor. Aber er wollte das Konzert der Bremer Stadtmusikanten auf keinen Fall verpassen, denn es würde sicherlich Geschichte schreiben. Er hatte noch Zeit genug, sich den Schweiß abzuduschen.

„Es war einmal“, eröffnete der Esel mit kräftigem, voluminösem Bariton in einer Art Sprechgesang das Konzert, „da haben wir die Räuber aus einem Haus im Wald vor den Toren Bremens vertrieben und sind dort geblieben. Doch heute sind wir zu euch gekommen, um euch zu sagen: Ihr müßt die Räuber aus dem Haus eurer Seele jagen. Lieber gestern als heute, liebe Leute!“

Auf ein Zeichen des Esels sprang der Hund auf dessen Rücken, dann sprang die Katze elegant auf den Rücken des Hundes – und schließlich schwang sich der Hahn in die Lüfte und landete auf dem Rücken der Katze.

„Die Räuber im Haus eurer Seele", sang der Esel weiter, „haben euch auf leisen Sohlen eure größten Schätze gestohlen: eure Liebesfähigkeit, eure Spontaneität und Heiterkeit, euer inneres Lächeln! Nun ist es an der Zeit: Holt euch zurück, was euch gehört: eure Lebensfreude, euer Glück!"

Um die Tiere herum hatte sich auf dem Rathausplatz eine dichtgedrängte Ansammlung von Menschen gebildet, die allesamt so guckten, als wären die Bremer Stadtmusikanten aus einem Märchen entstiegen, um für sie a capella zu singen.

„Wer sind denn die Räuber?" rief ein junger Mann.

„Ihr selbst", sang die Katze in einem glockenhellen Sopran, „und deshalb seid ihr auch eure eigenen Retter."

„Kommunikation muß wirklich und echt sein", fiel der Hund mit einem samtweichen Alt ein, „sonst kann sie nur oberflächlich und schlecht sein. Wer lieber digital verkehrt, der lebt verkehrt."

„Guckt nicht so irritiert!" sang der Hahn mit kräftiger Falsettstimme. „Was ist mit euch passiert? Warum hockt ihr stundenlang wie hypnotisiert vor kleinen und großen Monitoren? Öffnet eure Augen und Ohren! Seid nicht allzu angepaßt und brav, erweckt eure Sinne aus dem Dauerschlaf. Lernt wieder zu hören und zu betören, zu sehen und zu verstehen, zu schmecken und zu entdecken – und vor allem zu spüren: Öffnet eure inneren Türen!"

„Korrekt!" bekräftigte der Esel. „Was haben die sozialen Netzwerke mit euch gemacht, was haben sie euch gebracht? Indirekter Kontakt im Zehnminutentakt, seelische Verkümmerung, emotionale Zertrümmerung."

„Mit dieser Verkümmerung", sang die Katze, „wird eure Phantasie gebeugt, die eure Märchenwelt erzeugt. Bedenkt die Konsequenz: Es geht nicht nur um eure, sondern auch um unsre Existenz. Die Lösung und die Losung für uns alle will ich euch jetzt geben: mit Herz und Seele und allen Sinnen leben!"

Das Finale sangen die Bremer Stadtmusikanten zusammen: „Jagt die Räuber der Bequemlichkeit, der übertriebenen Skepsis und des kranken Mißtrauens aus eurem Seelenhaus! Schmeißt sie für immer raus! Öffnet die Fenster weit, laßt die gute Luft der Lebensfreude und Liebeslust rein! Es ist höchste Zeit!"

Atemlose Stille erfüllte den Rathausplatz nach den Darbietungen der Bremer Stadtmusikanten. Nachdem der letzte Ton des tierischen Sprechgesangs verklungen war, sprang der Hahn von der Katze, die Katze von dem Hund, der Hund vom Esel hinunter. Die tierischen Musiker verbeugten sich elegant vor ihrem Publikum, um sich dann auf märchenhafte Weise in Luft aufzulösen, was niemanden sonderlich verwunderte, nach allem, was geschehen war.

Leon, der ebenso sprachlos wie alle anderen den Sprechgesängen der Bremer Stadtmusikanten gelauscht hatte, spürte, wie etwas mit ihm und um ihn herum geschah. Die Menschen schienen aus einer inneren Apathie zu erwachen und taten etwas, das sie sonst nie machten: Sie wandten ihre Gesichter einander zu und sahen sich in die Augen.

Und dann geschah etwas noch Unglaublicheres: Sie begannen, sich anzulächeln. Von innen heraus.

Auch Leon wurde angelächelt. Von seiner neuen Nachbarin, die zufällig in seiner Nähe stand. Fast hätte er sich eine Ohrfeige gegeben, aber dann fand er es klüger, ihr Lächeln zu erwidern.

Wollen wir?

Wollen wir Inspirationen tauschen,
in guten Gesprächen dem Ungesagten lauschen,
das Beste in uns hervorbringen
und dabei wie schöne Musik klingen?

Das Schönste

Das Schönste im Leben beginnt dort,
wo die Gedanken ganz aufhören.
Es entfaltet sich an einem Ort,
wo selbst die schönsten Gedanken stören.

Gute Gefühle

Gute Gefühle sollte man nicht kommentieren,
sonst kann man sie sehr schnell verlieren.

Man muß sie schweigend entfalten,
sonst können sie im Nu erkalten.

Gute Gefühle sind oft gegen Worte allergisch,
Worte sind ihnen manchmal zu energisch.

Vor guten Gefühlen muß man sich verneigen –
in tiefem, andächtigem Schweigen.

Glück

Wenn die Liebe
gar nicht klingelt,
weil die Tür
schon offensteht –

und jedes Wort,
das du nicht sagst,
verwandelt sich
in ein Lächeln.

Für Schönheit

Für Schönheit lohnt es sich zu leben.
Sie bietet soviel Freude, soviel Sinn.
Sie erzeugt emotionale Wonnebeben.
Schönheit ist einfach zum Niederknien.

Die Liebe und das Geld

„Obwohl du die Liebe bist“, sagte das Geld zur Liebe, „begehren die meisten Menschen mich mehr als dich. Denn ich erfülle ihnen ihre Wünsche und Bedürfnisse, im Gegensatz zu dir. Ich sorge dafür, daß sie ihre Mieten, Hypotheken und Kredite bezahlen können, daß sie sich Lebensmittel und Kleidung kaufen können, daß sie ein Leben in Würde oder auch in Luxus führen können. Du hingegen erweckst in ihnen Sehnsüchte und Hoffnungen, die du allzu oft nicht erfüllst. Immer aufs neue haben die Menschen das Gefühl, von dir getäuscht und zum Narren gehalten zu werden. Da darfst du dich nicht wundern, wenn sich ihre Zuneigung zu dir in Grenzen hält, wenn sie dich meiden oder Angst vor dir haben. Denn du bist gefährlich.“

„Das mag sein. Aber du hast keine Seele“, erwiderte die Liebe. „Du bist nur ein Ding, mit dem man andere Dinge kaufen kann. Doch das Wertvollste im Leben ist unkäuflich. Wie ich es bin.“

„Trotzdem“, erwiderte das Geld, „lieben die meisten Menschen ein seelenloses Ding wie mich mehr als ein unberechenbares Gefühl wie dich. Wie kommt das?“

Die Liebe senkte traurig den Kopf und sagte: „Weil du sie geschickt täuschst und blendest. Du gaukelst ihnen vor, daß sie Glück finden, wenn sie dir dienen. Doch du füllst nur ihre Bankkonten, aber hinter ihrem Rücken leerst du ihre Herzen und höhlst ihre Seelen aus. Um die so entstehende innere

Leere und Hohlheit auszugleichen, versuchen viele Menschen, immer mehr von dir zu gewinnen und anzuhäufen, um wohlhabend zu werden und sich dadurch eine trügerische Befriedigung zu schaffen. Aber du kannst sie nicht wirklich befriedigen, du machst sie nur süchtig nach dir. Und schließlich können sie nicht mehr anders leben, als Tag für Tag soviel von dir zu nehmen, wie sie nur bekommen können. Und je mehr sie von dir haben, desto mehr wollen sie, sie werden unersättlich und geizig. Du machst sie zu deinen Sklaven. Mag sein, daß ich gefährlich bin, aber du bist es auch."

Seelenduft

Je mehr Blumen
im Garten
deiner Gefühle blühen,
desto schöner
duftet deine Seele.

Nahrung

Dies ist die Nahrung,
die den Hunger der Sehnsucht stillt:
der ganz erkannte,
ganz gelebte und geliebte Augenblick,
der das Herz erfüllt,
den Körper liebkost und die Seele beglückt.

Unverständlich

Es gibt manches,
das der Verstand
nicht verstehen würde,
wenn das Herz
es sich nicht
zu Herzen nähme.

Seelenmagie

Manche glauben nicht an Liebe, sondern an nichts –
und berauben sich so des schönsten Lebenslichts:
Das erhellt den Theisten der Liebe die Lebenszeit.
Ihre Atheisten fristen sie in seelischer Dunkelheit.

Liebe ist reine Seelenmagie.
Ihr Zauber erhält sich und endet im Grunde nie.
Auch wenn es Enttäuschungen und Trennungen gibt:
Niemand lebt wirklich, wenn er nicht liebt.

Schwach sein

Ich muß jetzt schwach sein.
Stärke würde den Liebeszauber zerstören.
Er ist so groß, ich bin so klein.
Ich vertraue und erlaube ihm, mich zu betören.

Von Mensch zu Mensch

In meinem Traum

In meinem Traum
ging ich durch überfüllte Straßen.
Alle Passanten sah ich
in Schwarz-Weiß,
und um ihr Herz herum
trugen sie unsichtbare Ketten,
die bei jedem ihrer Schritte
unhörbar rasselten,
und mir erschien die ganze Stadt
als ein Gefängnis
mit ahnungslosen Insassen,
die sich in Freiheit wähnten
und blind dahergingen
in ihrem unglaublichen Irrtum.

Doch zweien lief ich über den Weg,
zwei unter Hunderten,
und sie allein sah ich in Farbe,
in allen Farben der Palette
ihrer Gefühle füreinander,
und ihre Herzen schlugen ungehindert
Leben in ihre Augen,
in die ich schaute und erwachte –
mit einem Lächeln,
das nicht mehr auszulöschen ist.

Gegensätze miteinander vereinbaren

„Wenn ich vor die Wahl gestellt werde, mich für die Freiheit oder die Liebe zu entscheiden: Was soll ich tun?“ fragte ein junger Mann seinen Onkel, den er für den klügsten seiner Verwandten hielt.

„Das wählen, was dir wichtiger ist.“

„Beides ist mir gleich wichtig.“

„Dann mußt du beides zugleich wählen.“

„Und wenn es sich nicht miteinander vereinbaren läßt?“

„Dann mußt du lernen, es miteinander zu vereinbaren.“

„Aber Feuer brennt nun mal nicht auf dem Wasser.“

„Wenn Öl auf der Wasseroberfläche schwimmt, dann brennt auch Feuer auf dem Wasser.“

„Richtig“, stimmte der junge Mann zu. „Aber was willst du mir damit sagen?“

„Daß nichts unmöglich ist. Daß sich sogar die größten Gegensätze miteinander vereinbaren lassen, wenn man es wirklich will. Es ist möglich zu lieben und sich dabei so frei zu fühlen wie nie zuvor.“

Dein Gesicht

Ich liebe dein Gesicht,
das so viel Licht
an diese Welt verschenkt,
so viele Blicke auf sich lenkt –
ohne eine Spur von Eitelkeit:
wie eine Blume, die ihre Schönheit
gar nicht als solche begreift
und einfach nur blüht und reift.

Oft liegen Welten zwischen Schein und Sein.
Bei deinem Gesicht und dir stimmen sie überein.

Liebe ist immer richtig

Liebe ist immer richtig.
Liebe ist immer wichtig.
Wie immer sie auch wem erscheint:
Liebe ist gut und gut gemeint.

Liebe hat tausend Gesichter.
In einem jeden leuchten Lichter,
die nicht von dieser Welt scheinen –
und doch alles in sich vereinen,
was Träumen Wirklichkeit verleiht
und gefangene Sehnsucht befreit.

Liebe ist immer unentbehrlich.
Manche behaupten, sie sei gefährlich –
ein Risiko, das ihnen widerstrebe.
Als ob es im Leben Sicherheit gäbe!
Und da es die nun einmal nicht gibt,
ist jeder im Irrtum, der die Liebe nicht liebt.

Die Liebe

Rätselhaft wird die Liebe immer bleiben –
kein Grund, sie mir nicht seelisch einzuverleiben.
Ich vertraue ihrer grenzenlosen Geheimnisfülle,
mich verzaubert ihre mystische Musik der Stille.
Sie zog mich schon immer unwiderstehlich an.
Ich wehrte mich nie gegen ihren Bann,
ließ alles liegen und stehen, um sie zu spüren,
ließ mich von ihr lächelnd durch Nebelfelder führen.

Sie war die Nummer eins auf meiner Liste.
Ich war berauscht, wenn sie mich küßte,
ich war glückselig, wenn sie lachte
und ihren Zauber in mein Leben brachte.
Ich habe ihr Unsagbares zu verdanken.
Im Sturm will ich sie halten, ohne zu wanken.
Ich werde immer zu ihr stehen.
Wohin auch immer: Ich werde mit ihr gehen.

Echte Liebe

Echte Liebe schenkt Entspannung
und tiefe innere Ruhe.
Echte Liebe schenkt
Heiterkeit und ein Lächeln,
das sich selbst genügt.
Echte Liebe stillt die Sehnsucht
und stiftet Seelenfrieden.

Echte Liebe ist unverkennbar,
und was sie schenkt,
ist in seinem tiefsten Wesen –
unbenennbar.

Wortlose Antwort

Liebende Herzen
lächeln
über alle Fragen
nach dem Sinn
des Lebens.

Seifenblase

Ich möchte eine Seifenblase sein,
groß und bunt, zart und fein.
Ich würde für dich schillernd schweben,
würde dir alle meine Farben geben.
Dich zu erfreuen mit meinem kurzen Leben,
wäre mein einziges Streben.
Ich würde elegant durch die Lüfte fließen,
jede Sekunde meines Seins genießen,
denn ich wüßte, daß dein Blick auf mir ruht,
weil mein Farbenspiel ihm Gutes tut.
Alles, was ich will, ist: dich entzücken,
dich zum Lächeln bringen, dich beglücken.

Warum ich wandere

Ich wandere
durch mein Leben,
um Liebe zu spüren,
um Liebe zu geben
für liebenswerte andere,
um ihre Seele zu berühren.

Die Liebe und die Kritik

„Ach, sieh an, die Liebe“, sagte die Kritik. „Was verschlägt dich denn hierhin?“

„Ich habe mich verirrt.“

Die Kritik lachte, nicht ohne Spott. „Aber das tust du doch immer, dich verirren. Das ist doch gewissermaßen dein Wesen. Denn du gründest auf einem Irrtum.“

„Auf welchem Irrtum gründe ich denn deiner Meinung nach?“

„Darauf, daß ein bestimmter Mensch wichtiger, besser und wertvoller ist als alle anderen.“

Die Liebe schüttelte den Kopf. „Das ist kein Irrtum.“

„Das mußt du mir erklären“, forderte die Kritik. „Ich lerne immer gern dazu, auch wenn ich bezweifle, daß du mich etwas zu lehren hast.“

„Du könntest zum Beispiel von mir lernen, daß du ein Kind des Verstandes bist, das wie seine Eltern in einem begrenzten Raum leben muß, dessen Begrenztheit es nicht erkennt.“

„Oha! Und in welchem Raum lebst du? Etwa in einem grenzenlosen?“

„Nein. Aber im Gegensatz zu dir weiß ich, daß mein Lebensraum begrenzt ist. Er kann nicht größer sein als das Herz des Menschen, das ich erfülle. Du kannst nicht verstehen, daß für mich ein Mensch wertvoller und wichtiger als alle anderen sein kann, weil dein Blick die innere Schönheit eines Menschen nicht erkennt.“

„Wie kommst du auf diesen Gedanken?“

„Du hast doch sicherlich schon mal gehört, daß man nur mit den Augen des Herzens gut sieht.“

Die Kritik stöhnte. „Oft genug habe ich das gehört. Ich meine allerdings, daß man nur mit den Augen des Verstandes gut sieht. Das Herz neigt dazu, das zu sehen, was es sehen will. Der Verstand sieht das, was ist.“

„Einigen wir uns darauf“, schlug die Liebe vor, „daß man sowohl mit den Augen des Herzens als auch mit denen des Verstandes gut sieht, aber eben ganz Unterschiedliches wahrnimmt?“

Der Verstand erklärte sich nach kurzem Zögern einverstanden.

„Dann kannst du vielleicht auch akzeptieren, daß in meinen Augen ein bestimmter Mensch wichtigerer und wertvoller als alle anderen sein kann, weil ich ihn mit den Augen des Herzens als solchen erkannt habe.“

„Hm“, machte der Verstand unschlüssig. „Aber wie kannst du sicher sein, daß du dich nicht irrst?“

„Sicher kann ich mir nicht sein. Das Herz kann sich täuschen. Der Verstand aber auch. Aber ich suche nicht nach Sicherheit. Ich suche nach der Tiefe des Gefühls, nach dem Glück des Vertrauens und der Vertrautheit.“

„Jetzt habe ich doch etwas von dir gelernt“, gestand die Kritik. „Vielleicht habe ich dich unterschätzt.“

„Kinder des Verstandes unterschätzen die Kinder des Herzens gern.“

„Ist es umgekehrt nicht auch so?“

„Nein. Der Verstand hat eine Neigung zur Selbstüberschätzung. Das Herz neigt eher zur Bescheidenheit.“

Die Kritik wußte nicht, was sie sagen sollte. Ihr Blick konnte sich nicht von dem Gesicht der Liebe lösen, in dem sie eine Schönheit sah, die sie in ihrem eigenen Spiegelbild nie finden würde.

Wahre Liebe

Es heißt, ihre Farbe ist rot,
und sie ist stärker als der Tod.
Sie ist das Elixier des Lebens,
die hohe Kunst des Gebens.
Wahre Liebe ist eine Rarität –
sie erntet, was tiefes Vertrauen sät.
Es heißt, daß sie über alle Grenzen fliegt
und selbst die Endlichkeit besiegt
auf ihre eigne zaubervolle Weise.
Niemals endet ihre Reise.
Ist sie wahr und schicksalhaft,
beugt sich jedes Gesetz ihrer Kraft.

Prinzip Ansteckung

Eine gute Möglichkeit, andere glücklich zu machen,
besteht darin, selbst glücklich zu leben.
Mit dem eigenen kann man anderes Glück entfachen,
dank des Prinzips Ansteckung es weitergeben.

Das Feuer erneut entzünden

Alleinsein läßt sich gut genießen,
doch Einsamkeit kann schon verdrießen.

Alleinsein ist ein Abenteuer,
Einsamkeit ein erloschenes Feuer.

Du kannst es erneut entzünden
und in seiner Wärme zum Alleinsein finden.

Dann findet dich die Zweisamkeit.
Mit etwas Glück sogar zur rechten Zeit.

Bewusst sein

Sei dir deines wahren,
grenzenlosen Wesens
voll und ganz bewußt,
und du wirst unabhängig sein
von Vorurteilen und Fehlurteilen,
von allen begrenzten Bildern,
die sich andere Menschen
von dir machen.

Miteinander verbunden

Alles ist mit allem verbunden.
Das haben viele Weise herausgefunden.
Kein Geschöpf ist eine Insel.
Die Natur malt alles Leben mit einem Pinsel.

Die Gier und die Bescheidenheit

Die Gier ging gern im Park der menschlichen Tugenden und Laster spazieren, kam aber nur selten dazu, weil sie ein vielbeschäftigtes Laster war. Bei früheren Spaziergängen hatte sie den Neid, den Geiz, die Verlogenheit und die Eitelkeit getroffen und interessante Gespräche mit ihnen geführt. Kürzlich war ihr die Großherzigkeit begegnet, und auch mit ihr hatte sie gesprochen, erinnerte sich aber nicht gern daran.

Heute wollte es der Zufall, daß sie der Bescheidenheit über den Weg lief. Erst wollte die Gier sie ignorieren, aber da sie von Natur aus neugierig war, grüßte sie freundlich und fragte die Bescheidenheit, ob sie ihr eine Frage stellen könne.

„Gerne doch, nur zu!"

Der Blick der mit feinsten Stoffen gekleideten Gier schweifte kurz über die einfache, aber saubere Kleidung der Bescheidenheit, bevor sie sagte: „Du giltst als eine Tugend, während man mich als ein Laster betrachtet. Ich frage mich, ob es in Wahrheit nicht umgekehrt ist. Denn ich sporne den Menschen dazu an, sein Bestes zu geben, um ein Leben in Wohlstand und Luxus zu führen, während du ihm einredest, daß er sich mit einem genügsamen, anspruchslosen Leben begnügen soll. Ich motiviere ihn zu Höchstleistungen, während du seinen lasterhaften Hang zur Faulheit und Trägheit unterstützt. Deshalb sollte man mich als eine Tugend und dich als ein Laster bezeichnen. Findest du das nicht auch?"

„Eine interessante Betrachtungsweise", sagte die Bescheidenheit. „So habe ich die Dinge noch nie gesehen."

„Und überzeugt dich diese Perspektive auch?"

„Nein, sie überzeugt mich nicht."

„Warum nicht?"

„Weil gegen dein Ziel nichts einzuwenden wäre, wenn du nicht immer darüber hinaus schießen würdest. Du spornst den Menschen zwar zu hohen Leistungen an, für die er belohnt wird, aber du machst ihn auch süchtig nach diesen Belohnungen. Du drängst einen Menschen, der bereits ein großes Vermögen besitzt, es immer weiter zu vergrößern. Und wenn er schon drei Häuser besitzt: Du sitzt ihm solange im Nacken, bis er sich das vierte kauft, dann das fünfte – und so weiter. Er kennt keine Grenzen und häuft viel mehr Geld an, als er jemals ausgeben kann. Mehr Besitztümer, als er jemals genießen kann. Du machst ihn zum Sklaven deiner Maßlosigkeit, wodurch er inmitten seines äußerlichen Reichtums innerlich verarmt und unfrei wird. Deshalb bist und bleibst du ein Laster."

Natürlich gefiel der Gier diese Antwort nicht. Da ihr spontan nichts einfiel, um sie zu entkräften, fragte sie in ironischem Tonfall: „Und nun willst du mir sicherlich erklären, warum du eine Tugend bist und bleibst?"

„Nur, wenn du das gern möchtest."

Da die Gier hoffte, daß sie, wenn sie nur etwas Zeit gewinnen würde, gute Argumente zu ihrer Verteidigung finden könne, erwiderte sie: „Ja, das möchte ich."

„Ich verführe den Menschen nicht zur Faulheit und Trägheit, auch wenn es dir so erscheinen mag", erklärte die Bescheidenheit. „Wenn er etwas Besonderes geleistet hat, halte ich ihn nur davon ab, es an die große Glocke zu hängen. Er genießt seine Erfolge im stillen, er heischt nicht nach Bewunderung und Beifall, zumal er weiß: Wenn Bewunderung und Beifall kommen, bringen sie in ihrem Schatten oft Neid und Mißgunst mit. Er bleibt unabhängig von dem Urteil anderer und lernt, den Wert seiner Verdienste selbst richtig einzuschätzen. Ihm steht nicht der Sinn nach äußerem Wohlstand. Denn der Mensch hat nur das, was er ist. Materieller Überfluß mag seine Annehmlichkeiten haben, aber er fordert einen sehr hohen Preis. Ich ermutige den Menschen, das zu genießen und zu veredeln, was er ist, anstatt ihn anzutreiben, immer mehr von dem anzuhäufen, was er hat."

Die Worte der Bescheidenheit machten Eindruck auf die Gier, was sie sich aber nicht anmerken lassen wollte. Da ihr keine überzeugenden Gegenargumente einfielen, entschied sie sich zu einem schnellen persönlichen Angriff: „Dafür, daß du die Bescheidenheit bist, zeigst du ein enormes Selbstbewußtsein!"

Die Antwort kam ebenso prompt: „Selbstbewußtsein und Bescheidenheit schließen sich nicht aus. Allerdings demonstriere ich mein Selbstbewußtsein in der Regel nicht. Doch du hast mich dazu herausgefordert, indem du versucht hast, die Wahrheit auf den Kopf zu stellen. Das konnte ich dir nicht durchgehen lassen. Es tut mir leid, wenn ich dich damit in Verlegenheit gebracht habe."

Die Gier war sprachlos, was ihr selten geschah. Sie gestand sich ein, daß sie die Bescheidenheit unterschätzt hatte, und fragte sich, ob es nicht besser gewesen wäre, sie zu ignorieren anstatt sie anzusprechen.

„Du hast mich nicht in Verlegenheit gebracht", log sie, um ihr Gesicht zu wahren. „Jeder hat das Recht auf seine eigene Betrachtungsweise."

Sie wünschte der Bescheidenheit noch einen guten Tag und beendete ihren Spaziergang, der nicht so angenehm verlaufen war, wie sie es sich vorgestellt hatte.

Erwartungslos

Ich erwarte von mir, nichts von dir zu erwarten.
Druckausübung hat subtile Arten.
Keiner von ihnen will ich dich aussetzen,
um deine innere Freiheit nicht zu verletzen.

Wie gern

Wie gern würde ich
unter Menschen leben,
die das Schloß vor ihrem Herzen
längst weggeworfen haben
und frei atmen.

Es wäre schön,
sich zu begegnen
ohne Angst und ohne Masken,
sich zu erkennen
vom ersten Augenblick an
und wenig Worte machen zu müssen,
weil Seelen sich viel leichter
im Schweigen einander schenken.

Hoffnungslos

Ich will mir von dir nichts erhoffen.
Hoffnung hält oft nicht, was sie verspricht.
Was ich dir gegenüber sein will, ist: offen.
Erwartungslose Offenheit: Besseres kenne ich nicht.

Die Antwort des Lehrers

Ein Privatlehrer hatte zwei Schüler. Einen, der seine Anweisungen widerspruchslos befolgte, und einen anderen, der sie immer aufs neue infrage stellte. Er mochte seinen skeptischen Schüler mehr als den unkritischen, doch mußte feststellen, daß der zweite bessere Fortschritte machte als der erste. Dies blieb auch dem kritischen Schüler nicht verborgen, und er fragte den Lehrer, wie er sich das erkläre.

„Weil er keine Energie damit vergeudet, meine Anleitungen zu hinterfragen“, sagte der Lehrer. „Weil er mir vertraut. Wenn du ihn dir als Radfahrer vorstellst, ist sein Vertrauen in mich wie Rückenwind, der seine Fahrt beschleunigt. Deine Skepsis hingegen wirkt wie Gegenwind. Deshalb kommt er schneller und leichter voran als du.“

„Aber ich kann nun mal nicht aus meiner Haut.“

„Niemand kann das“, stellte der Lehrer fest. „Deine Skepsis hat ja auch ihre Vorteile. Sie bewahrt dich davor, manipuliert zu werden. Aber sie bremst dich dort, wo nur Vertrauen dich gut voranbringt. Klug ist, wer rechtzeitig herausfindet, wo Skepsis nötig und wo Vertrauen hilfreich ist.“

„Willst du damit sagen, daß ich der weniger kluge deiner beiden Schüler bin?“

„Nein. Ich will nur sagen, daß es deinem Mitschüler leichter fällt als dir, mir Vertrauen zu schenken.“

„Und doch magst du mich mehr als den anderen. Warum?“

„Weil ich von dir mehr lerne“, war die Antwort des Lehrers.

Zauber der Weisheit

Der Verstand und das Herz

Der Verstand hat kein Herz,
und er kennt keinen Schmerz.
Das Herz kann verstehen
und tiefer als er sehen,
es ist das Schönere von beiden,
doch kann das Leiden nicht vermeiden,
ist wagemutig und immer ehrlich.
Deswegen lebt es auch gefährlich.

Der Verstand will es beschützen,
will dem Herzen helfen, nützen,
aber schädigt es oft in Wahrheit,
nimmt ihm nicht nur seine Klarheit,
nimmt es auch in Schutzhaft.
Bis es sich mit aller Kraft
aus der Gefangenschaft befreit.
Dann doch lieber das potentielle Leid!

Weisheit

Weisheit hat immer
etwas Zurückhaltendes.
Sanft und leise
ist ihre Stimme.
Es liegt ihr nicht daran
zu überzeugen.
Sich selbst
in aller Reinheit zu schenken,
ist ihr Sinn.

Das grosse Darüber

Du mußt über den Verstand hinausgehen,
sonst wirst du keine Weisheit finden,
wirst nur in die Wolken deiner Gedankenwelt sehen,
doch das große Darüber nicht ergründen.

Der Materialismus und der Idealismus

Zufällig begegnete der Materialismus dem Idealismus, aus dem er sich eigentlich nichts machte. Aber da er gute Laune hatte, grüßte er ihn freundlich.

Der Idealismus erwiderte seinen Gruß und fragte: „Na, wie stehen deine Aktien?“

„Sehr gut. Ich habe vor einer Stunde einen großen Posten mit erheblichem Gewinn abgestoßen. Von dem Erlös kaufe ich mir eine neue Villa.“

„Hast du nicht schon drei?“

„Nein, ich habe vier und werde mir eine fünfte kaufen. Und du? Lebst du immer noch in deiner kleinen Mansardenwohnung?“

„Ja, natürlich. Die Miete ist günstig, und ich habe nicht viel Geld, wie du weißt.

„Wenn dir das genügt. Aber du bist ja anspruchslos.“

„Es genügt mir vollauf. Die Wohnung ist groß genug. Und nachts brauche ich eh nur die zwei Quadratmeter meiner Matratze.“

„Meine Matratzen messen vier Quadratmeter“, erklärte der Materialismus. „Ich habe gern viel Platz, auch beim Schlafen. Schließlich will ich mir etwas gönnen für mein schwer verdientes Geld.“

„Das verstehe ich gut. Denn Geld als solches ist ja ziemlich langweilig: kleine Scheine aus Papier oder Baumwolle, die machen optisch nichts her.“

„Sie mögen optisch nichts hermachen, aber mit ihnen kann ich mir die schönsten Kunstwerke kaufen. Mit ihnen kann ich mir alles kaufen!“

„Nicht alles!“ widersprach der Idealismus. „Mich zum Beispiel nicht.“

„Du hast ja auch ein seltsames Wesen, das ich wohl nie verstehen werde.“

„Ich bin nun mal an dem Unkäuflichen interessiert“, sagte der Idealismus.

„Aber was hast du davon? Was du nicht kaufen kannst, das kannst du nicht besitzen. Und was du nicht besitzen kannst, das kannst du nicht genießen.“

Der Idealismus widersprach: „Nur das, was mir geschenkt wird, macht mir Freude. Nur das, was ich verschenke, macht mir Freude. Und wenn Schenken und Beschenktwerden aufeinander folgen, bin ich glücklich.“

„Von welchen Geschenken sprichst du eigentlich?“

„Von Zeit, Aufmerksamkeit und Zuneigung. Von Geduld, Verständnis und Mitgefühl. Von Vertrauen, Freundschaft und Liebe.“

„Ich kann mir auch Zeit kaufen mit meinem Geld: die Zeit der Menschen, die für mich arbeiten. Ich kann mir ihre Aufmerksamkeit, ihr Verständnis, ihre Geduld damit kaufen.“

„Das mag mehr oder weniger zutreffen, aber du wirst dir nie Vertrauen, Freundschaft und Liebe kaufen können. Das sind unkäufliche Geschenke des Herzens.“

„Ich will sie gar nicht haben!“ erwiderte der Materialismus. „Der Mensch, der sie mir schenkt, kann sie mir auch wieder nehmen. Heute vertraut er mir, morgen entzieht er mir sein Vertrauen. Heute ist er mein Freund, morgen kündigt er mir seine Freundschaft auf. Heute liebt er mich, morgen verläßt er mich.“

„Das kann geschehen“, gestand der Idealismus zu. „Blumen verwelken. Aber solange sie blühen, genieße ich ihre Schönheit, und dadurch wird sie zu einem Teil von mir. Vertrauen, Freundschaft und Liebe können vergehen, aber so lange sie andauern, nehme ich sie tief in meine Seele auf, und dadurch werden sie zu einem Teil von mir. So werde ich innerlich immer reicher. Auch das, was ich verschenke, macht mich reicher. Vor allem das.“

Der Materialismus schüttelte den Kopf. „Wie gesagt, ich werde dich nie verstehen. Du bist wirklich seltsam. Offen gesagt, manchmal denke ich, du bist verrückt.“

„Offen gesagt, dasselbe denke ich manchmal auch über dich. Wir leben in grundverschiedenen Welten. Da fällt es wohl schwer, Verständnis für den anderen zu haben.“

Der Materialismus stimmte dem zu und erklärte, daß er sich jetzt verabschieden müsse, da er einen Termin mit einem Makler habe, über den er seine fünfte Villa kaufen wolle.

„Du weißt aber, daß du deine Villen und deine großen Matratzen nicht mit ins Grab nehmen kannst? Und du weißt auch, daß du noch lange leben, aber auch schon morgen sterben könntest?“

„Ja, das weiß ich. Der Tod ignoriert Geburtsurkunden."

„Also sind Besitztümer und Geld genauso unsicher wie Vertrauen, Liebe und Freundschaft", stellte der Idealismus fest.

„Nicht ganz so sehr", widersprach der Materialismus. „Denn der Tod kommt in der Regel erst im Alter, weshalb ich mein Vermögen und meinen Besitz jahrzehntelang genießen kann. Vertrauen, Liebe und Freundschaft dauern in der Regel nicht so lange wie ein ganzes Leben."

„Das stimmt", sagte der Idealismus. „Sie dauern in der Regel nicht so lange wie ein ganzes Leben. Wenn sie tief und wahr sind, dauern sie länger."

Die Stimme der Seele

Am Anfang erscheint das Leben wie eine lange Reise.
Am Ende zeigt sich die Wahrheit hinter dem Schein.
Die Stimme der Seele sagt dir schon früh, aber leise:
Lebe den guten Moment, als würde es der letzte sein.

Tief innen

Tief innen
ist ein Reich,
in dem die Macht
der Zeit gebrochen ist,
und kein Gedanke,
keine Regung der Gefühle
stört das Erleben reiner Gegenwärtigkeit.

Nirgendwo sonst bin ich geborgen
als hier, wo alle Wünsche,
alle Sorgen enden,
wo meine Sehnsucht
lächelnd ihre Augen schließt
und sich zur Ruhe legt.

Und ich küsse
ihr zufriedenes Gesicht
mit den Blicken meiner Dankbarkeit.

Gedankenstill

Die Weisheit in dir findest nur du.
Darum höre immer so gut wie möglich zu,
wenn deine innere Stimme dir etwas sagen will.
Sie ist von Natur aus leise. Also sei gedankenstill.

Guter Rat

Daß guter Rat schon immer teuer war,
sollte man stets bedenken.
Denn es birgt eine gewisse Gefahr,
einen guten Rat zu verschenken:

die Gefahr, daß er geringgeschätzt wird
und im Regen des Vergessens verrostet,
weil der Beratene seinen Wert nicht spürt:
Denn er hat ja nichts gekostet.

Ungezwungen

Die tiefsten Einsichten kommen ungezwungen,
wie von selbst, spielerisch und leicht.
So viele haben hart um Weisheit gerungen –
und sie gerade deshalb nicht erreicht.

Suchst du Licht

Stehst du vor einer Mauer, mußt du sie bezwingen.
Gehst du im Nebel, mußt du ihn durchdringen.
Ergreift dich Schmerz, mußt du ihn durchleiden.
Suchst du Licht, darfst du das Dunkel nicht meiden.

Freiheit

Freiheit ist ein Genuß, eine Pracht,
die aus dem bloßen Leben
etwas Wundervolles macht.
Freiheit muß man sich großzügig geben.

Denn ein Leben in unguten Zwängen
kann den Geist verheeren,
das Herz verengen,
die Seele entleeren.

Freiheit muß sein,
damit die Existenzübung gelingt.
Freiheit gleicht einem herrlichen Wein,
der das Lebensgefühl beschwingt.

Beidseitige Dankbarkeit

Ein reicher Mann wurde auf einem Spaziergang von einem Bettler am Wegesrand um eine milde Gabe gebeten. Der Reiche tat so, als hätte er nichts gehört, und wollte an dem Bettler vorbeigehen, doch der stand auf und stellte sich ihm in den Weg.

„Laß mich auf der Stelle vorbei!" forderte der Reiche.

„Bitte gib mir eine Erklärung dafür, warum du mir ein Almosen verweigerst! Deine Kleidung zeigt mir, daß du sehr wohlhabend bist!"

„Wenn ich allen Bettlern ein Almosen geben würde, wäre ich bald selber so arm, daß ich betteln müßte."

„Das glaube ich nicht", widersprach der Bettler. „So viele Menschen werden dich schon nicht anbetteln, daß dein Vermögen ernsthaft darunter leidet."

Darauf wußte der Reiche keine Antwort.

„Ich war nicht immer ein Bettler", sagte der Arme. „Doch nachdem meine über alles geliebte Frau gestorben war, geriet ich völlig aus der Bahn. Ich versank in einem Strudel aus Trauer und Verzweiflung, konnte nicht mehr schlafen und nicht mehr arbeiten. Ich verlor mein Geld, meine Freunde, mein Interesse am Leben. Bis ich vor kurzem einer weisen Frau begegnete, die mir neuen Lebensmut schenkte. Sie hat mich viel Wertvolles gelehrt. Aber das Wertvollste von allem beginne ich erst jetzt zu verstehen."

„Und was ist das Wertvollste?"

„Daß man nur das behalten kann, was man verschenkt hat", sagte der Bettler mit einem feinen Lächeln.

Der Reiche ließ diese auf den ersten Blick unlogisch wirkenden Worte eine Weile auf sich wirken und wurde nicht so recht schlau aus ihnen. Plötzlich wurde er von einer ungekannten und unwiderstehlichen Regung erfaßt, zog seinen Geldbeutel hervor und gab dem Bettler eine Geldsumme, die weit mehr als nur ein Almosen war.

Sei so

Sei so klug, die Grenzen der Klugheit zu kennen.
Sei so mutig, dir ein freies Leben aufzubauen.
Sei so geistvoll, nicht mit dem Zeitgeist zu rennen.
Sei so weise, der Weisheit deiner Seele zu vertrauen.

Tiefe Wahrheit

Tiefe Wahrheit ist formlos, ist reiner Inhalt.
Sie ist blutjung und zugleich uralt.
Läßt du alle Formen fallen, fällst du in sie hinein –
vom tausendgesichtigen Schein in das eine Sein.

Nur auf der Reise

Informationen machen wissend, aber nicht weise,
sie sind Objekte geistigen Besitzstrebens.
Weisheit hingegen gewinnt man nur auf der Reise
zum Mittelpunkt des eigenen Seelenlebens.

Ein gutes Gedicht

Ein gutes Gedicht
bringt immer etwas Licht,
vor allem, wenn es dunkel ist
und man ein wenig Helligkeit vermißt.

Ein gutes Gedicht
ermöglicht immer bessere Sicht,
wenn dichter seelischer Nebel aufzieht
und man die Hand nicht mehr vor Augen sieht.

Ein gutes Gedicht
schafft immer ein hilfreiches Gegengewicht.
Man muß es nur auf die Gemütswaage legen –
und schon entfaltet sich sein Segen.

Nicht nur mit den Händen

Die Feinheit saß auf einer Bank an einem Flußufer, als die Grobheit erschien und fragte, ob sie sich für ein paar Minuten zu ihr setzen dürfe.

„Gern, die Bank ist groß genug für uns beide“, antwortete die Feinheit.

„Ich möchte mich nur ein bißchen von mir selbst ausruhen. Es ist manchmal anstrengend, ich selbst zu sein“, gestand die Grobheit. „Mein Leben ist schwer, aber ich tröste mich mit dem Wissen, daß ich unentbehrlich bin. Denn ohne mich könnten die Menschen kein Haus, keine Straße, keine Brücke bauen, keine Infrastruktur errichten. Ich helfe ihnen, anzupacken und dabei nicht zimperlich zu sein. Ohne mich würde es auch dich nicht geben. Ohne meine harten, mit Hornhaut übersäten Hände könnten deine nicht so weich und zart sein. Du kannst nur gedeihen auf einem Feld, das ich zuvor im Schweiße meines Angesichts beackert habe.“

„Ja, so ist es“, stimmte die Feinheit zu. „Ich verdanke dir meine privilegierte Existenz. Deshalb respektiere und schätze ich dich und bin dir dankbar.“

„Aber lieben kannst du mich nicht?“

„Nein, das kann ich nicht, so leid es mir tut. Du hättest meine Liebe ohne Zweifel verdient, denn ohne dich gäbe es mich nicht. Aber die Liebe fällt nun mal dorthin, wohin sie fallen will.“

Die Grobheit nickte traurig. „Ich weiß. Das Feine fühlt sich nur vom Feinen angezogen. Gleich und gleich gesellt sich gern. Aber heißt es nicht auch, daß Gegensätze sich anziehen? Ich finde dich jedenfalls sehr attraktiv, aber du mich offenbar nicht."

„Ja, so ist es, wenn ich ehrlich sein darf", gestand die Feinheit.

Die Grobheit schaute bekümmert auf ihre von harter Arbeit gezeichneten Hände und seufzte: „Dann werde ich mich wohl mit deiner Wertschätzung und Dankbarkeit begnügen müssen."

„Es tut mir sehr leid, daß ich dir nicht mehr schenken kann", sagte die Feinheit.

Die Grobheit nickte schicksalsergeben, erhob sich und gestand: „Im Grunde verstehe ich nicht, daß ich mit meinen häßlichen Händen etwas so Schönes wie dich erschaffen habe und am Leben halten kann. Kannst du mir das erklären?"

„Vielleicht, weil du mich nicht nur mit deinen Händen erschaffen hast, sondern auch mit deiner heimlichen Sehnsucht, so zu sein wie ich", antwortete die Feinheit.

Besser so

Es ist besser,
nicht zu wissen,
was man will,
als etwas zu wollen,
was man im Grunde
seiner Seele gar nicht will,
ohne es zu wissen.

Mit fühlendem Denken

Mit bloßem Denken kann man vieles fangen,
aber es hat eine beschränkte Sicht.
Mit fühlendem Erkennen kann man weiter gelangen.
Im Dunkeln ist es sein eigenes Licht.

Das Licht in dir

Entdecke das Licht in dir,
und es wird deinen Weg erhellen.
So erkennst du selbst die verborgenste Tür –
und beantwortest alle Fragen, die sich dir stellen.

Das Auge des Betrachters

Da bekanntermaßen die Schönheit
im Auge des Betrachters liegt,
ist es an der Zeit
zu fragen, was wohl mehr wiegt:
Das, was betrachtet wird,
oder der Blick, der sich genußvoll darin verliert?

Ich glaube, der Blick hat mehr Gewicht.
Was wäre das Schöne, säh er es nicht?
Schönes, das unerkannt bleibt,
ist wie ein Liebesbrief, den niemand schreibt.

Kleine Schätze am Wegesrand

Tür ins Wunderbare

Öffnen wir
die Tür ins Wunderbare!
Legen wir unsere Hände
gemeinsam auf ihre Klinke,
denn nur so
läßt sie sich öffnen.

Und nur Hand in Hand
können wir über
die Schwelle gehen.

Poesie

Das Leben ist voller versteckter Poesie.
Mit schnellen Schritten geht man an ihr vorbei.
Nur im Müßiggang entdeckt man sie.
Und ihre Schönheit setzt Glücksmomente frei.

Für die Seele

Laß dich fallen, und du kannst fliegen.
Was du mitnehmen willst, läßt du liegen.
Voller Flecken ist die Reinheit,
voller Widersprüche die Einheit.

Untrennbar sind Tag und Nacht.
Untrennbar, was weint und lacht.
Eins sind Licht und Dunkelheit,
Zukunft und Vergangenheit.

Für die Seele liegt es auf der Hand.
Überfordert ist nur der Verstand.

Gleichzeitig

Die Kunst ist, in der Welt zu leben
und zugleich über ihren Wolken zu schweben –
gleichzeitig auf ihrem Boden zu gehen
und über ihren Dingen zu stehen.

Der Argwohn und die Gelassenheit

Obwohl sie in der Regel unterschiedliche Wege gingen, begegneten sich eines Tages die Gelassenheit und der Argwohn. Da keine Gefahr von ihr auszugehen schien, erwiderte der Argwohn ihren freundlichen Gruß.

„Wie geht es dir?“ fragte die Gelassenheit.

„Wie es halt geht, wenn man immer auf der Hut ist. Man ist nervös und angespannt. Aber daran habe ich mich längst gewöhnt. Man muß sich so nehmen, wie man ist.“

„Wovor bist du denn immer auf der Hut?“

„Eigentlich vor allem. Hinter jeder Ecke könnte ein Unheil lauern, das ich abwehren kann, wenn ich wachsam und aufmerksam genug bin. Das Schicksal kann böse und grausam sein!“

„Es kann aber auch hilfreich und liebevoll sein. Es ist unberechenbar.“

„Eben deshalb bin ich der Argwohn.“

„Und deshalb bin ich die Gelassenheit.“

„Hast du denn keine Angst vor Unglück und Pech?“

„Dem Schicksal ist es einerlei, ob wir ängstlich oder zuversichtlich in die Zukunft schauen. Es macht, was es will. Ich nehme seine Launen, wie sie kommen, und versuche, das Beste daraus zu machen.“

Der Argwohn wirkte nicht gerade überzeugt. „Man kann aber dem Unheil vorbeugen: durch ständige Vorsicht und Weitsicht.“

„Darum kann man sich bemühen, aber man darf es nicht übertreiben. Denn wenn man dabei zu eifrig ist, betrügt man sich um das Beste im Leben."

„Und was ist das Beste im Leben?"

„Der heitere Genuß der Gegenwart. Weil ich darauf nicht verzichten will, bin ich die, die ich bin."

„Ich muß gestehen, daß ich dich ein wenig beneide. Du wirkst so unbeschwert und entspannt. Aber ich würde trotzdem nicht mit dir tauschen wollen. Aus meiner Sicht bist du zu leichtsinnig."

„Du wärst nicht der Argwohn, wenn du gern mit mir tauschen würdest. Du findest überall ein Haar in der Suppe, und wenn du es vorher eigenhändig hinter deinem Rücken hineinlegen mußt", sagte die Gelassenheit mit einem Schmunzeln.

Lebenswandel

Viel Gutes wartet auf den,
der seinen Lebenswandel
immer aufs neue
dem Wandel
des Lebens anpaßt.

Was leuchten will

Was glücken kann,
das kann nur glücken,
wenn eine liebevolle Hand
es berührt
und eine lächelnde Seele
es inspiriert.

Was wirklich leuchten will,
braucht strahlende Augen,
die es betrachten
in atemloser Verzauberung.

Wahre Schönheit

Wahre Schönheit macht sprachlos, macht still,
weil das Auge nichts anderes mehr will,
als sie so tief wie möglich zu genießen.
Und der Gedankenfluß hört auf zu fließen.

Die Zeit ist fasziniert

Die Zeit gleicht einem Karussell,
dreht sich mal langsam, dann wieder schnell.
Bleibt irgendwann auf einmal stehen,
hört einfach auf, sich weiter zu drehen.

Weil etwas derart Magisches geschieht,
daß es ihre Aufmerksamkeit auf sich zieht:
dieses gewisse Etwas, das Liebe heißt
und so sanft und zärtlich Mauern niederreißt,

daß die Zeit ihre Bewegungspflicht vergißt,
weil sie von dem Geschehen so fasziniert ist,
das vor ihren Augen so berührend spielt,
daß sie innehält. Weil sie den Zauber fühlt.

Das Pfauenauge

Wie das Pfauenauge heiter in der Luft gaukelt,
sich anmutig und ziellos durch den Tag schaukelt,
hier und dort von Blüten Nektar trinkt:
Das ist poetisch, das ist beschwingt,
so leicht, so zart, so mühelos –
das hat Klasse, das ist groß!

Dieses schöne Tier ist wirklich weise.
Es flattert frei, es fliegt ganz leise,
brummt nicht umher wie Hummeln oder Bienen
und kann dem Menschen als ein Vorbild dienen
beim Erlernen höherer Lebenskunst,
beim Erkennen des Poetischen im Alltagsdunst.

Das Wunderbare

Verliere nie den Sinn für das Wunderbare:
die Blume, den Schmetterling, den blühenden Baum.
Gehe mit diesem Sinn durch deine Jahre,
gib ihm Nahrung, Liebe und viel seelischen Raum.

Suche die Stille

Suche die Stille, nimm sie in dich auf.
Fühle ihre tiefe, sanfte Pracht,
überlaß dich ihrem ruhigen Lauf –
und laß zu, was sie mit dir macht.

Die Stille ist viel größer, als sie scheint.
Erschließe sie dir Stück für Stück.
Was sie in sich vereint,
führt dich zu dir zurück.

Keine Angst vor dem Unvermeidlichen

„Hast du eigentlich Angst vor dem Tod?“ fragte eine junge Frau ihre ältere Freundin unvermittelt.

„Die meisten Menschen haben Angst davor. Ich hatte sie früher auch. Aber ich habe mich entschlossen, sie nicht mehr zuzulassen. Sie verdirbt mir meine Freude am Leben.“

„Kannst du sie denn so einfach auf Distanz halten?“

„Ja. Wenn sie mich besuchen will, mache ich ihr nicht auf und lasse sie vor der Tür stehen. Früher oder später trollt sie sich.“

„Ich glaube, du gehst richtig mit ihr um. Meine Großmutter hatte ihr Leben lang große Angst vor dem Tod. Vor seiner Ungewißheit, seiner Endgültigkeit. Und sie ist vierundneunzig geworden. Ohne ihre Angst hätte sie ein besseres Leben gehabt.“

„Das hätte sie bestimmt“, bekräftigte die ältere der Freundinnen. „Wir wissen nicht, wieviel Lebenszeit uns zugeteilt ist. Entscheidend ist, daß wir sie wertschätzen und so gut wie möglich genießen. Und es gibt kaum etwas, daß die Lebensfreude so wirksam schädigt wie die Angst vorm Tod. Deshalb lasse ich sie nicht mehr rein, und wenn sie noch so hartnäckig an die Tür klopft.“

„Im Grunde verdrängst du sie.“

„Nein, ich würde eher sage, daß ich mich ihr entziehe. Sicher, irgendwann wird der Tod mich stellen. Wenn ich ihm dann ins Gesicht sehe, werde ich vielleicht Angst vor ihm haben. Aber vielleicht auch nicht. Es wird von seinem Gesicht abhängen."

„Falls du dann überhaupt noch Zeit hast, sein Gesicht zu sehen. Mein Großvater ist bei einem Spaziergang gestorben, von einem Augenblick auf den anderen. Hat sich mit seinem besten Freund über Gott und die Welt unterhalten, und mitten im Satz ist er tot umgefallen."

„So zu sterben, wünschen sich wohl die meisten", sagte die ältere und fügte nach kurzem Nachdenken hinzu: „Warum sollte man Angst vor dem Unvermeidlichen haben? Zumal man nicht einmal ahnen kann, wann es eintritt."

Ein Privileg des Lebens

Böse Zungen behaupten,
Reife sei der Zustand vor dem Verfall.
Doch erst eine reife Frucht
entfaltet ihre ganze Köstlichkeit.
Und eine verwelkende Blume
kann eine große Schönheit ausstrahlen.
Und ein Baum mit absterbenden Blättern
kann ein wunderschöner Anblick sein.
Schönheit ist kein Privileg des Jungen,
sie ist ein Privileg des Lebens.

Lebe die Inspiration

Lebe die gute Inspiration,
bevor sie sich verliert.

Genieße die schöne Situation,
bevor sie sich verirrt.

Umarme die zarte Emotion,
damit sie nicht friert.

Zeige der unverhofften Frustration,
daß sie dich nicht frustriert.

Nicht jeder Traum

Nicht jeder Traum muß sich erfüllen,
nicht jede Sehnsucht mußt du stillen:
nur den Traum, der zu dir paßt,
nur die Sehnsucht, die du zu stillen hast.

Nur eine kosmische Sekunde

Der Mensch meint, ohne ihn würde nichts gehen,
doch eigentlich ist er fragil und klitzeklein.
Die Welt wird sich noch lange drehen,
der Mensch wird nicht so lange auf ihr sein.

Sein Leben erscheint ihm lang, doch im Grunde
ist es nur sehr kurz: nur einen winzigen Augenblick,
nur eine kosmische Tausendstelsekunde.
Nicht allzu viel Zeit für das Glück.

Diese Erkenntnis mag bestürzen,
deprimieren, beängstigen oder verdrießen.
Sie kann aber auch das Leben würzen –
und helfen, all sein Gutes intensiv zu genießen.

Die ewige Blüte

Ausgerechnet an Selenas vierzehntem Geburtstag geschah etwas, das ihr Leben von Grund auf veränderte.

Sie kam aus der Schule nach Hause, empfing die Geschenke ihrer Eltern und aß mit ihnen gemeinsam zu Mittag. Anschließend backte sie mit ihrer Mutter einen Kuchen für ihre beiden besten Freundinnen Minata und Alia, die sie eingeladen hatte, um mit ihnen am Nachmittag gemeinsam zu feiern.

Minata kam wie immer pünktlich, Alia wie gewohnt mit etwas Verspätung.

Selena umarmte ihre Freundinnen herzlich, freute sich über ihre Glückwünsche und Geschenke und ging mit ihnen in ihr Zimmer, wo sie bereits zuvor liebevoll den Tisch gedeckt hatte.

Selenas Kuchen schmeckte den Mädchen so gut, daß nach einer Weile fröhlichen Geplauders nichts mehr von ihm übrig war.

„Wie wäre es jetzt mit einem kleinen Nachtisch?" fragte sie.

Ihre Freundinnen nickten fast gleichzeitig, und so bat Selena sie, sich eine kleine Weile zu gedulden, und ging in den Garten hinaus, um Erdbeeren zu pflücken.

Als sie auf die Terrasse trat, geschah das Unfaßbare.

Anstatt gleich zu den Erdbeerbeeten zu gehen, hob sie den Blick unwillkürlich über die den Garten eingrenzende Hekke – und sah etwas, das ihr den Atem nahm: Eine Erscheinung am Himmel, die so groß und rund war wie die Sonne, aber nicht so blendend, zog eine halbkreisförmige Bahn am Horizont. Sie war rötlich, fast orange, bewegte sich mit unglaublicher Geschwindigkeit von Osten nach Westen – und verschwand ebenso schnell, wie sie aufgetaucht war.

Was immer diese Kugel auch gewesen sein mochte, sie hatte den Weg am Himmel, für den die Sonne einen ganzen Tag brauchte, in wenigen Sekunden zurückgelegt!

Selena spürte ihr Herz im Hals und in den Schläfen pochen, die Knie wurden ihr weich, und sie mußte sich auf den Boden setzen. Was war geschehen, was hatte sie gesehen? War sie Zeugin eines Wunders geworden oder hatten ihre Augen ihr einen Streich gespielt?

Nein, sie hatte die rötliche Kugel wirklich gesehen! Wenn sie ihren eigenen Augen nicht traute, wem sollte sie sonst trauen? Was immer diese unerklärliche Erscheinung am Himmel auch gewesen sein mochte – Selena spürte, daß sie ihr etwas offenbart hatte, für das sie noch keine Erklärung fand.

Als sie sich wieder gefaßt hatte, stand sie auf und ging zu ihren Freundinnen zurück.

„Nanu, du kommst mit leeren Händen? Wo bleibt der versprochene Nachtisch?" beschwerte sich Alia.

Minata, die schon immer einen schärferen Blick als Alia besessen hatte, erschrak: „Was ist passiert? Du bist so blaß, als wäre dir ein Gespenst über den Weg gelaufen."

Selena setzte sich. „Ich habe eben etwas Unglaubliches gesehen." Und dann erzählte sie ihren Freundinnen, was sie im Garten erlebt hatte.

„So groß und rund wie die Sonne?“ Alia zog eine ungläubige Miene. „Dann war es wohl die Sonne. Es gibt ja nur eine.“

„Nein, sie war es nicht. Die Sonne wandert im Schneckentempo, aber diese Kugel flog unfaßbar schnell.“

Auch Minata fiel es schwer, den Worten ihrer Freundin Glauben zu schenken. „Vielleicht hast du nur für ein paar Sekunden die Augen geschlossen und dabei diese Kugel gesehen. Wenn ich abends im Bett im Dunkeln liege und mit den Fingerspitzen leicht auf meine geschlossenen Augen drücke, sehe ich auch manchmal schöne Farben und Formen.“

„Aber es war nicht dunkel, und meine Augen waren offen“, erwiderte Selena aufgeregt und konnte ihre Enttäuschung darüber, daß ihre besten Freundinnen ihr Erlebnis anzweifelten, nicht verbergen.

Minata und Alia schwiegen mit ernsten Mienen.

„Ihr glaubt mir also nicht?“

Alia verzog den Mund. „Ehrlich gesagt, es fällt mir schwer. Was du gesehen hast, kann es gar nicht geben.“

Selena blickte Minata an. „Und was denkst du?“

„Ich weiß nicht. Es klingt schon ziemlich unglaubwürdig. Wahrscheinlich hattest du eine Sinnestäuschung. Wenn Menschen sich in der Wüste verirren und zu verdursten drohen, meinen sie, eine Oase zu sehen, aber es ist nur eine Luftspiegelung, eine Fata Morgana.“

„Aber ich war nicht in der Wüste, sondern im Garten.“

Wieder schwiegen Selenas Gäste, und sie spürte, daß ihre Geburtstagsfeier, auf die sie sich so sehr gefreut hatte, nicht mehr zu retten war.

„Ihr glaubt mir also nicht?"

„Ach kommt, laßt uns über etwas anderes reden", schlug Minata vor. „Gestern nach der Schule hat Melim mir einen Zettel zugesteckt, mit einem kleinen Liebesgedicht. Soll ich es euch mal vorlesen?"

„Nein!" Selenas Antwort kam impulsiv, mit einem entschlossenen Tonfall, der sie selbst überraschte. „Ich möchte jetzt lieber allein sein. Ich hoffe, ihr könnt das verstehen."

Beim Abendessen erzählte Selena ihren Eltern von ihrem Erlebnis im Garten, aber erntete auch von ihnen nur befremdetes Kopfschütteln und ungläubige Blicke.

„Das hast du dir bestimmt nur eingebildet", sagte ihre Mutter, und ihr Vater nickte zustimmend.

Als Selena später im Bett lag, kam es ihr vor, als hätte sie heute den unglücklichsten Geburtstag ihres Lebens gehabt. Ihre besten Freundinnen und ihre Eltern, also die Menschen, die ihr am meisten bedeuteten, zweifelten an, was sie gesehen hatte. Sicher, sie hatte ein völlig unerklärliches Erlebnis gehabt. Trotzdem konnte sie nicht verstehen, daß niemand ihr glaubte. Ihre Freundinnen und Eltern kannten sie doch gut genug, um zu wissen, daß sie nicht zu den Mädchen gehörte, die sich phantastische Geschichten ausdenken, um sich interessant zu machen.

Selena fühlte sich enttäuscht und einsam wie nie zuvor in ihrem Leben – und das ausgerechnet an ihrem Geburtstag.

Am Ende der Straße, in der Selena wohnte, stand ein Haus, an dem sie immer gern vorbeiging, allein schon wegen des verwilderten Vorgartens, in dem die prächtigsten Blumen und Sträucher blühten.

In diesem Haus lebte ein alter Mann namens Lamur, dem sie schon öfter begegnet war. Sie hatte ihn immer freundlich gegrüßt, und er hatte ihren Gruß stets mit einem Lächeln erwidert, das anders war als das übliche Lächeln der Erwachsenen, die meistens einfach nur ihre Mundwinkel hochzogen. Das Lächeln dieses Mannes kam aus seinen klaren Augen, und obwohl er bestimmt schon älter als siebzig war, hatte er den unschuldigen Blick eines Kindes.

Einmal hatten Selenas Eltern beim Abendessen über ihn gesprochen.

„Das ist schon ein komischer alter Kauz, dieser Lamur, läßt seinen Garten verwildern, grüßt alle freundlich, aber spricht mit niemandem. Keiner kennt seine Vergangenheit. Niemand weiß so recht, was er von ihm halten soll. Irgendwas stimmt mit ihm nicht", urteilte ihr Vater.

„Er ist ein freundlicher alter Mann, der auf mich den Eindruck macht, als habe er sehr viel erfahren und gesehen. Ich glaube, er will einfach nur seinen Lebensabend in Ruhe verbringen", verteidigte ihre Mutter Lamur. „Er hat einen vertrauenerweckenden Blick und eine feine Art. Sicherlich ist er ein wenig menschenscheu, aber er wird seine Gründe dafür haben."

Diese Worte ihrer Mutter kamen Selena in den Sinn, als sie am nächsten Tag auf ihrem Weg von der Schule nach Hause an Lamurs Haus vorbeikam – und zum ersten Mal nicht nur ihren Blick über den Vorgarten und die Fassade des Hauses schweifen ließ, sondern vor dem nur angelehnten, hölzernen Eingangstor stehenblieb.

Ohne sich zu fragen, warum sie es tat, öffnete Selena mit klopfendem Herzen das Tor und ging den moosbewachsenen Weg auf die Haustür zu. Es war, als würde eine innere Stimme es ihr befehlen. Langsam, aber ohne Zögern legte sich ihre Hand auf den Türklopfer und betätigte ihn.

Eine Weile geschah nichts, und Selena befürchtete schon, daß Lamur nicht zu Hause war, doch dann hörte sie langsame Schritte auf die Tür zukommen, und er öffnete ihr.

Er lächelte sie an, wie immer, wenn er ihr auf der Straße begegnet war. Sie konnte nicht umhin, sein warmes Lächeln zu erwidern, und wenn sie noch Zweifel über die Richtigkeit ihres Entschlusses gehabt hätte, ihn zu besuchen, wären sie in diesem Augenblick verblaßt.

„Guten Tag. Ich bin Selena."

Lamur nickte bedächtig. Bevor das Mädchen den Grund ihres Kommens nennen konnte, bat er sie hinein, führte sie in sein Wohnzimmer und forderte sie auf, ihren Schulranzen abzunehmen und sich zu setzen.

„Ich freue mich, daß du mit deinem Besuch unverhofften Glanz in mein bescheidenes Haus bringst – und ich vermute, du hast etwas auf dem Herzen."

Selena nickte. „Ja. Ich habe gestern nachmittag etwas gesehen, das mir niemand glaubt, obwohl ich ganz sicher bin, daß ich es mir nicht eingebildet habe. Es war eine Erscheinung am Himmel – vielleicht ein Wunder. Ich weiß nicht warum, aber ich habe das Gefühl, daß Sie es mir glauben werden."

Und sie erzählte ihm ihr Erlebnis.

Lamur schien von ihren Worten in keiner Weise überrascht oder befremdet zu sein. Er nickte mehrmals, fuhr sich über die weißgrauen Haare und sagte schließlich: „Ich glaube dir, Selena, und ich bin froh, daß du zu mir gekommen bist."

„Ich bin es jetzt auch. Glauben Sie an Wunder? Meine Eltern und meine Freundinnen sagen, es gibt keine Wunder. Alles, was geschieht, ist erklärbar."

„Bis auf das Unerklärliche", erwiderte Lamur und schmunzelte. „Die allermeisten Menschen halten sich für vernünftig, aber im Grunde sind sie nur ängstlich. Sie haben eine bestimmte Sicht des Lebens und der Welt, und wenn etwas geschieht, das ihre Anschauung in Frage stellt, wollen sie es nicht wahrhaben, weil es sie zwingen würde, ihr Weltbild und damit sich selbst zu verändern – und davor fürchten sie sich. Dabei ist Leben nur ein anderes Wort für Veränderung. Weißt du, im Grunde haben sie Angst vor dem Leben."

„Warum sind Sie der einzige, der mir glaubt?"

„Weil man beim anderen nur das wirklich versteht, was man in sich selbst trägt oder am eigenen Leib erfahren hat. Ich habe in meinem langen Leben so manche unerklärliche Dinge erlebt, die ich nur als Wunder bezeichnen kann. Dazu gehört die Geschichte eines hoffnungslos an Krebs erkrankten Mannes, dem alle Ärzte, bei denen er Hilfe suchte, seinen baldigen Tod vorausgesagt hatten. Doch dann gesundete er auf völlig unverhoffte Weise durch die große Liebe seiner Haushälterin, die sie jahrelang vor ihm verborgen hatte und ihm erst offenbarte, als sie erfuhr, daß er dem Tod geweiht war. Wahre Liebe kann Wunder vollbringen, Selena."

„Was haben Sie noch erlebt?" fragte das Mädchen mit großen Augen.

„Als junger Mann habe ich mich einmal auf einer Wanderschaft in einem Wald verirrt und wurde von der Abenddämmerung überrascht, bevor ich die Berghütte erreichen konnte, in der ich die Nacht verbringen wollte. Der Himmel war wolkenverhangen, und bald war es so stockfinster, daß ich die Hand nicht vor den Augen sehen konnte und gezwungen war, im Freien zu übernachten. Ich hatte ein ungutes Gefühl dabei, denn zu dieser Zeit gab es dort noch viele Wolfsrudel, aber ich war vom Wandern so erschöpft, daß ich trotz meiner Ängste schnell in einen tiefen Schlaf fiel, aus dem ich durch das markerschütternde Heulen von Wölfen gerissen wurde, das aus bedrohlicher Nähe ertönte. Ich muß gestehen, daß ich selten in meinem Leben eine so große Angst verspürt habe wie in diesen Augenblicken."

Lamur atmete tief durch, während Selenas Augen gebannt an seinen Lippen hingen.

„Und dann geschah etwas Unfaßbares", setzte Lamur seine Erzählung fort. „Ein unerklärlicher Ring aus weißem, flimmerndem Licht, dessen Helligkeit mich fast blendete, bildete sich wie ein schützender Kreis um mein Nachtlager, und ich hörte eine sanfte Stimme in meinem Bewußtsein, daß ich behütet sei und nichts zu befürchten hätte. In diesem Moment endete das beängstigende Wolfsgeheul abrupt, als hätte ich nur davon geträumt, und eine friedliche Stille breitete sich um mich herum und in mir aus. Bald darauf schlief ich wieder ein, und am nächsten Morgen erwachte ich unversehrt und wurde von strahlendem Sonnenschein begrüßt."

„Was war das, dieser Ring aus Licht?" fragte Selena atemlos.

Lamur zuckte mit den Achseln. „Ich weiß es nicht. In jener Nacht erschien es mir, als hätte eine höhere, gütige Macht sich meiner angenommen und die Gefahr abgewendet, in der ich schwebte."

„Hat Ihnen jemand dieses Erlebnis geglaubt?"

Lamur lächelte. „Ich habe es für mich behalten."

„Nun verstehe ich, warum Sie nicht an meinem Erlebnis zweifeln", sagte Selena und spürte, wie eine Last von ihrer Seele fiel.

„Wie ich dir schon sagte – ich habe einige unerklärliche Dinge erfahren, die der gesunde Menschenverstand als Hirngespinste abtun würde, aber das allergrößte Wunder, von dem ich dir erzählen kann, habe ich dir noch vorenthalten."

„Bitte berichten Sie mir davon!" bat Selena mit glänzenden Augen.

Lamur nickte bedächtig, lehnte sich in seinen Sessel zurück, zündete sich eine Pfeife an und begann zu erzählen.

„Diese Geschichte trug sich vor vierzig Jahren zu, in Olania, einer kleinen Stadt im Norden, weit entfernt von hier.

Im Park von Olania stand ein Baum, der zum allerersten Mal blühte, in strahlendem Weiß. Viele Menschen strömten zusammen, um seine überwältigende Blütenpracht zu bewundern und ihren herrlichen Duft zu genießen. In seiner Nähe fühlten sie sich auf magische Weise von ihren Alltagssorgen befreit und gewannen neue Lebensfreude.

Der blühende Baum wurde schnell das Schmuckstück, der geheime Mittelpunkt der Stadt. Er war der König des Frühlings, verzauberte die Menschen, weckte tiefe Sehnsüchte in ihren Herzen und ließ sie die Entbehrungen des Winters vergessen.

Er blühte prächtiger als die anderen Bäume und behielt zur großen Verwunderung aller Parkbesucher seinen Blütenschmuck, während die Blütenblätter der übrigen Bäume schon verwelkt auf dem Boden lagen.

Als der Sommer kam und alle Bäume der Stadt in üppigen Grüntönen schwelgten, hatte der Baum im Park noch keine einzige seiner Blüten verloren.

Das Erstaunen der Menschen kannte nun keine Grenzen mehr. Viele sprachen von einem Wunder. Manche riefen dazu auf, den Baum als Heiligtum zu verehren, denn er schien ein göttlicher Beweis für die Unvergänglichkeit der Schönheit zu sein.

Dann zog der Herbst ins Land. Die Blätter aller Laubbäume verfärbten sich und wurden welk, doch der Wunderbaum stand nach wie vor in frischer Blütenpracht. Selbst der erste wilde Sturm, der alle Menschen in die Geborgenheit der Häuser trieb, vermochte ihm nicht eine einzige Blüte zu entreißen.

Als das Unwetter sich am nächsten Morgen gelegt hatte, standen die Stadtbewohner fassungslos vor dem unversehrten Zauber.

Hier ginge es nicht mehr mit rechten Dingen zu, machte sich schließlich eine Stimme bemerkbar, aus der nicht mehr Bewunderung, sondern Angst sprach. Vereinzelt ertönte beifälliges Gemurmel.

Von diesem Tag an mieden viele Spaziergänger den blühenden Baum und warfen ihm nur noch verstohlene Blicke im Vorbeigehen zu.

Schließlich trat der Winter seine eisige Herrschaft an. In einer finsteren, kalten Nacht sanken so viele Schneeflocken vom Himmel herab, daß die Menschen bis zu den Knien durch den Schnee stapfen mußten, als sie am nächsten Morgen ihre Häuser verließen. Die ganze Stadt war weiß geworden, und die Bäume glänzten im Sonnenschein, als hätte der Himmel sie über und über mit Puderzucker bestäubt.

Doch bald kam Tauwetter, und die weiße Pracht schmolz schnell dahin. Schon waren die Bäume wieder dunkel und kahl wie zuvor. Nur der geheimnisvolle Baum stand nach wie vor in voller Blüte, als könnten ihm alle Gesetze und Gewalten der Natur nichts anhaben.

Immer mehr Eltern verboten nun ihren Kindern, in der Nähe des Baumes zu spielen, und manche Parkbesucher beachteten ihn nicht mehr, wenn ihr Weg sie an ihm vorbeiführte.

Und schließlich ging das Wort von Mund zu Mund, daß der immerblühende Baum nicht eine Offenbarung göttlicher, sondern teuflischer Kräfte sei, denn seine widernatürliche Dauerblüte verspotte die Gesetze der von Gott geschaffenen Natur in einer Weise, zu der nur der Teufel fähig sein könne.

Bald darauf traf sich der Stadtrat von Olania, dem fünf der einflußreichsten Bürger des Ortes angehörten, zu einer außerordentlichen Sitzung: der Bürgermeister, der Bankdirektor, die Schulleiterin, der Pastor und der Arzt.

Der Bürgermeister begründete die kurzfristige Einberufung des Rates mit den wachsenden Ängsten, die der unentwegt blühende Baum in den Menschen der Stadt hervorgerufen hatte, und verlieh seiner Befürchtung Ausdruck, daß dadurch die öffentliche Ordnung und der Stadtfrieden gefährdet seien. Deshalb habe er nach Gesprächen mit vielen Bürgern und sorgfältigem Nachdenken entschieden, den Baum fällen zu lassen. Am Ende seiner kurzen Rede forderte er den Stadtrat auf, über seinen Entschluß abzustimmen.

Er verteilte jeweils zwei Zettel an die Ratsmitglieder und bat sie, einen der Zettel zusammenzufalten und in die Schale auf dem Tisch zu legen. Auf dem einem Zettel stand ‚Fällen', auf dem anderen ‚Nicht fällen'. So konnte jeder der fünf Anwesenden seine Entscheidung treffen, ohne daß erkenntlich wurde, wer sich wie entschieden hatte.

Als der Bürgermeister die Zettel auseinanderfaltete und auf den Tisch legte, stand auf vier Zetteln das Wort ‚Fällen' – und nur auf einem ‚Nicht fällen'. Damit war die Sache entschieden.

Wenige Tage später zogen die Bürger von Olania, vom Bürgermeister angeführt, mit ernsten und entschlossenen Gesichtern in den Park.

Die Menge scharte sich schweigend um den Wunderbaum, während zwei starke Männer mit scharfen Äxten unter beifälligen Zurufen begannen, ihn zu fällen.

Die Schaulustigen stoben auseinander, um nicht von dem ächzend zu Boden stürzenden Baum getroffen zu werden, und eilten in ihre Häuser zurück, weil aus heiterem Himmel ein heftiger Regen und wilder Sturm einsetzte, der die ganze Nacht anhielt.

Als einige Männer am nächsten Tag mit einem Pferdegespann in den Park zurückkehrten, um den gefällten Baum zum Fluß zu ziehen und ihn der Strömung zu übergeben, war er spurlos verschwunden.

Nicht eine einzige seiner Blüten lag an dem Platz, wo er gestanden hatte. Keine Schleifspur war auf dem Boden zu erkennen. Auch der Baumstumpf war wie vom Erdboden verschluckt. Nicht einmal ein Loch klaffte im Boden, das eine Ausgrabung des Stumpfes zwangsläufig hinterlassen hätte. Alles war so, als hätte dort nie ein Baum gestanden.

Und doch spürten die Stadtbewohner, daß nichts mehr so sein würde wie früher und daß eine schwere Schuld auf ihren Seelen lastete, die sie sich in ihrer Angst vor dem Unerklärlichen aufgebürdet hatten. Und sie gingen mit beschämten und bedrückten Gesichtern in ihre Häuser zurück."

Nachdem Lamur seine Erzählung beendet hatte, legte er seine Pfeife beiseite, stand auf und ging in ein Nebenzimmer.

Als er zurückkam, hielt er ein wunderschön gearbeitetes Silberkästchen in den Händen und stellte es mit den Worten auf den Tisch: „Darin ist ein sehr wertvolles Geschenk für dich, Selena. Aber bevor ich es dir gebe, stelle mir die Frage, die dir auf der Stirn geschrieben steht."

„Waren Sie in Olania, als der Wunderbaum blühte?"

„Ja. Ich lebte dort als Arzt und war Mitglied des Stadtrates. Ich war derjenige, auf dessen Zettel ‚Nicht fällen' stand, und ich war dabei, als der Baum gefällt wurde. Ich habe in meinem Leben so manches erlitten, aber hilflos mit ansehen zu müssen, wie aus purer Angst und Engstirnigkeit ein Wunder zerstört wurde, war ein Erlebnis, das mich seelisch fast zerbrochen hätte. Am Tag darauf packte ich meine Koffer und verließ Olania auf Nimmerwiedersehen. Ich zog in eine andere Stadt, arbeitete dort fünfunddreißig Jahre als Arzt und tat mein Bestes, um den Kranken und Leidenden zu helfen. Vor fünf Jahren wechselte ich ein letztes Mal den Wohnort und zog in dieses abgeschiedene Haus, das mein Bruder mir vererbt hatte, um hier meinen Lebensabend zu verbringen."

Selenas Blick fiel unwillkürlich auf die hübsche Silberschatulle auf dem Tisch.

„Ich habe die Geschichte des Wunderbaumes in all den Jahren niemandem erzählt. Du bist der erste Mensch, dem ich sie anvertraue. Nun frage ich dich: Glaubst du sie mir?"

Selenas Antwort kam ohne Zögern. „Ich glaube Ihnen jedes Wort. Ich habe es geahnt, ganz tief in mir, daß es Wunder gibt. Und ich danke Ihnen von ganzem Herzen, daß Sie meine Ahnung zu einer Gewißheit gemacht haben."

„Und ich danke dir, daß du den Weg zu mir gefunden und mir dein Vertrauen geschenkt hast. Du bist so, wie alle Menschen sein sollten. Du weißt, daß man das Wunderbare als ein Geschenk des Himmels betrachten und nicht in Frage stellen soll. Du würdest nie auf die Idee kommen, einen Baum in immerwährender Blüte zu fällen. Du hast keine Angst vor dem Unerklärlichen, du läßt dich von ihm beglücken, verzaubern."

Selena strahlte Lamur an. Noch nie hatte ein Mensch so tief in ihre Seele geschaut!

Auch Lamur lächelte, als er sagte: „Übrigens, diese sonnengroße Kugel, die so schnell ihre Bahn am Himmel gezogen hat – ich habe sie auch gesehen, gestern nachmittag, als ich im Garten saß."

Selenas Hand legte sich vor Freude unwillkürlich auf ihr Herz.

„Und – was war es?"

Lamur lachte. „Ein Wunder – und ich habe es mit großen Augen bestaunt."

„Ich auch", sagte das Mädchen.

„Nun – bist du nicht neugierig auf dein Geschenk?"

„Gestern hatte ich Geburtstag", antwortete Selena, „und habe Geschenke ausgepackt. Aber jetzt bekomme ich so ein Gefühl, daß ich erst heute wirklich beschenkt werde."

Mit klopfendem Herzen und zitternden Händen öffnete Selena das Kästchen – und erblickte eine schneeweiße Blüte, deren Schönheit und Duft sie über alle Maßen entzückten.

„Oh – die ist ja wunderschön! Aber warum legen Sie die Blüte nicht in eine Schale mit Wasser und stellen sie ans Licht, damit sie länger lebt?"

Lamur schmunzelte. „Sie braucht kein Wasser und auch kein Licht. Sie liegt schon vierzig Jahre lang in dieser silbernen Kassette und ist noch immer so frisch und voller Duft wie damals, als der Wunderbaum gefällt wurde. Sie fiel mir vor die Füße, als der Baum zu Boden gefallen war. Ich habe sie aufgehoben und mitgenommen, ohne daß jemand es bemerkte. Es ist eine ewige Blüte – der Beweis eines Wunders, den ich nur einem Menschen schenken kann, der einen solchen Beweis nicht braucht."

Diesen Tag geniessen

Diesen Tag genießen,
mit seiner Strömung fließen.
Seinen Hügel besteigen,
auf seiner Geige geigen.
In seiner Sonne wandeln,
in seinem Sinne handeln.
Seine süßen Früchte essen,
das Dankbarsein nicht vergessen.
Seine Stunden freudig inhalieren,
keine einzige davon verlieren.
Sich den Tag zum Freund machen,
über seine Späße lachen.
Seine Chancen nutzen,
keine seiner Pflanzen stutzen.
Ihn ganz tief in sich aufnehmen
und sich über gar nichts grämen.

Der Tag glänzt wie ein Diamant.
Du hältst ihn in der Hand.

Inhaltsverzeichnis

Der Autor

Hans Kruppa ist einer der meistgelesenen deutschen Dichter und Erzähler. Seine Gedichte und Märchen, Aphorismen und Kurzgeschichten, Erzählungen und Romane hat er in mehr als hundert Büchern mit einer Gesamtauflage von über zwei Millionen Exemplaren veröffentlicht. Einige seiner Bücher erschienen in anderen Sprachen. Für sein schriftstellerisches Werk wurde er mit dem New Yorker Otto-Mainzer-Preis ausgezeichnet. Er lebt als freier Schriftsteller in Bremen.

„Schreiben ist für mich Berufung und Beruf, Leidenschaft und Abenteuer, Schaffensfreude und Erkenntnisfindung. Es ist ein Teil meines Lebens und meiner Lebensqualität. Alles, was ich liebe, was mich fasziniert, betrifft und berührt, was mich vor Fragen stellt und nach Antworten verlangt, fließt früher oder später in meine Bücher. Daß sie so viele Menschen inspirieren, erfüllt mich mit Freude."

Hans Kruppa

Mehr Informationen: www.hans-kruppa.de